마음속에 머문 생각

마음속에 머문 생각

초판 1쇄 인쇄일 2015년 9월 1일
초판 1쇄 발행일 2015년 9월 4일

지은이 우종섭
펴낸이 양옥매
디자인 황지영
교　정 조준경

펴낸곳 도서출판 책과나무
출판등록 제2012-000376
주소 서울특별시 마포구 월드컵북로 44길 37 천지빌딩 3층
대표전화 02.372.1537　**팩스** 02.372.1538
이메일 booknamu2007@naver.com
홈페이지 www.booknamu.com
ISBN 979-11-5776-080-0(03810)

이 도서의 국립중앙도서관 출판시도서목록(CIP)은 서지정보유통지원 시스템 홈페이지(http://seoji.nl.go.kr)와 국가자료공동목록시스템(http://www.nl.go.kr/kolisnet)에서 이용하실 수 있습니다.
(CIP제어번호 : CIP2015023501)

붉은 모래 언덕은 살아 움직인다.
낮에 쓸려 나간 자리는
밤새 멀리서 날아온 모래가 채운다.
오고가는 모래바람엔 속삭임, 노랫소리,
울부짖는 소리가 뒤섞여 있다.
아득한 모랫길은 마치 삶의 여정인 듯

-쿠무타크 사막에서

시작하며 •10

첫째 마당

마음에 잠긴 생각들

1. 마음속 공간에 새기는 글

소중한 인연, 벌이줄 •17 / 그중에서도 '잘 아는 사람'과 함께 •19 / 벗과 함께 걷는 추억의 길목에서 •20 / 나이 차를 줄이는 꿈같은 비법 •24 / 인간의 미래와 우주의 섭리 •25 / 오늘 만난 사연은 의미 있는 사연인가요? •26 / 내 삶의 버킷리스트 •27 / 살면서 꼭 지켜야 할 것 •30 / 나에게 남아 있는 것 •32 / 그림자를 아름답게 가꾸자 •33 / 무소유, 그 궁극의 목표 •34 / 너와 나의 '사이'에는 •36 / 추억과 기억, 그 오묘한 차이 •38 / '세월시계' 열쇠의 주인은 신神 •39 / 서로를 알아주는 인생 수양의 길 •41 / 마음의 쪽문을 열고 •43 / 내 인생의 성과물, 현재 내 모습 •44 / 현실 세계 vs 아바타의 세계 •46 / 내가 차리는 밥상 •48 / 기다림의 미학 •50 / 인도에서 떠난 '생각 여행' •52 / 그대, 혼자라고 생각하는가? •54 / 부정할 수 없는 영혼의 존재 •55 / 남기는 것과 남는 것의 차이, 예술 •58 / 'A'음 같은 사람이 그립다 •60 / 눈을 통하는 예술, 그림 세계 •62 / 나만의 갤러리 •64 / 비움과 채움의 의미 •66 / 나뭇결과 사람결, 그 세월의 흔적 •68 / 비가 촉촉이 내리는 날에는 •70 / 마음이 있는 곳 •72

2. 그대는 아름다운 사람

행복 덩어리 •75 / 서로를 행복하게 하는 '그랭이' 마음 •76 / 궁극의 안식처, 엄마 품 •77 / 울보가 되어 버린 나 •79 / 영원한 사랑, 그 의미는? •81 / 첫눈의 설렘 •83 / 누군가에게 소중한 사람이란? •84 / 원활한 인간관계를 위한 핵심어, 삼투압 •86 / 집 나간 토끼 •88 / 생각나는 사람 •90 / 행복을 결정짓는 중요한 요소 •91 / 아름다움을 발견하다 •93 / 행복에 이르는 길, 무한히 주는 사랑 •94 / 사랑의 유효기간을 무한대로 늘리는 처방 •95 / 어느 행복 전도사의 자살 •97 / 내가 더 고마워 •99

3. 거울 뒤 진짜 내 모습

경이로운 몸의 세계 •101 / 얼굴 곳곳에 담긴 조물주의 배려 •105 / 머릿속의 '정신 심지' •108 / 중년의 멋 •110 / 놓지 마, 정신 줄! •113 / 몸에서 손이 닿지 않는 딱 한 군데 •118

둘째 마당

돌아보는 삶의 독백

1. 평범한 세상 속, 결코 평범하지 않은 이야기

나에게 맞는 '인생 평균치'를 설정하자 •123 / 작전? 묘책? 결국은 '꼼수' •126 / 진정한 덕의 의미, 포덕시혜布德施惠 •128 / '그놈'의 현명한 처세술 •129 / 범부凡夫의 권리 •131 / 행복의 잣대는 문명이 아닌 '관점'의 차이 •133 / 큰 물줄기, 작은 물줄기 •135 / 고민 말뚝, 해법을 찾는 지혜 •136 / 인생의 지도를 그려라 •138 / 몸과 마음의 적정 온도 •139 / '쪽' 팔린다? •140 / 내가 갖춘 능력의 회전 반경은? •142 / 3만 2천년 전부터 계속된 식물의 경이 •143 / 꼴불견 세상에서 살아가기 •145 / 진짜 매력 있는 '허당' •150 / 그걸 왜 나한테 얘기해요? •152 / 선두의 함정 •154 / 자식에 대한 투자 = 부실 보험 •156 / 초심을 위한 주문, '정지!' •158 / 그런 것 같아요 •159 / 이 세상의 수많은 경계선들 •160 / 물갈이를 해야 하는 이유 •161 / 코너킥의 요행을 바라기보다는 •162 / 너무나도 어려운 맥락 짚기 •163 / 참맛이 느껴지는 사람 •164 / 인생의 복불복福不福 •165 / 부채 도사의 코미디 같은 사회 •168 / 우주 인벤토리 안의 인간이란 •170 / 자신을 뒤돌아볼 여유, 렛 잇 비Let it be •172 / 어차피 하는 후회라면 •174 / 돌팔이 권력자 •175 / 실효적 지배, 그 위력 •178 / 전갈의 독毒을 통해 배우는 지혜 •180 / 인내와 인격 •183 / 공감할 수 있는 '지속 가능'의 활용 범위 •185 / 버려야 얻는 것 •186 / 인생살이에도 황금비율이 있다? •188

2. 가만히 삶을 반추하다

'아차, 아차' 아차 인생 •191 / 공간을 즐기는 방법 •192 / 장수의 비결, 자연인 되기 •194 / 그대로 '도루묵' •196 / 기분 좋은 잔열 •197 / 일탈을 꾀하는 날라리의 삶 •199 / 남자들의 잔소리 •200 / 만남, 그 기대와 희망 •201 / 중장년층에게 팔짱과 뒷짐의 의미 •202 / 수도꼭지의 반란 •204 / 인생의 시간, 찰나刹那 •206 / 나와 세상의 연결 통로, 관심 •207 / 뺄 것 없는 인생 •209 / 인생 낙법 •213 / 속마음과 겉마음의 오묘한 차이 •214 / 나는 존경받을 대상이 될까? •216 / 왕년 무용담과 sns 의 관계 •218 / 지하철에서 생각 읽기 •220 / 겉모습의 오류 •221 / 인생 도로에서의 신호 위반 •222 / 어렵지만 꼭, 골고루 쓰기 •224 / 마그네슘은 만병통치약? •225 / 궁극의 나, 혼魂 •227 / 편안하시길 바랍니다 •228 / 놀이로 인생을 즐겁게 리필하자! •230 / 문을 열고 나서며 •232 / 남자와 여자가 생각하는 뜻의 깊이 •233

셋째 마당

산길을 걸으며

1. 산에서 찾은 삶의 모습

'뫼꾼'의 자세 •239 / 지리산과 나 •242 / 산 그림 •244 / 미터와 킬로미터의 차이 •246 / 산과 나누는 대화 •248 / 비 오는 산길에서 •250 / 회색 석양, 그 고고한 아름다움 •254 / 여울을 바라보며 •256 / 중년 남성을 위한 가을 병 무료 치료소 •259 / 걸으며 생각하며 •261 / 어떤 길을 선택하는 것이 올바른 삶일까? •269 / 말벌의 악몽 •272 / 흙의 위대함 •274 / 산을 대하는 마음, 초심과 겸손 •277 / 벗어야 할 쓸모없는 짐, 집착 •279 / 장거리 산행에서 느끼는 신비한 기 체험 •280 / 연꽃과 수련 •282 / 순백의 공간, 동심童心 •284 / 선두보다는 꼴찌가 •286 / '편짜기'에 담긴 뜻 •288 / 얼굴 없는 범인의 번호판 •292

2. 내 멋대로 여행 스케치

백두대간 실타래 •296 / 히말라야 여신女神의 유혹 쿰부 히말라야 트레킹 •306 / 밀포드 트레킹 •320 / 마운트쿡 트레킹 •323 / 히말라야 안나푸르나 트레킹 •325 / 호도협 트레킹 •326 / 옥룡설산 트레킹 •327 / 백두산 트레킹 •329 / 실크로드 여행 •330 / 코타키나발루 등산 •332

글을 마치며 •334

시작하며

새삼 일상에 감사하고 주위의 모든 이에게 고마운 마음이 든다. 지금 감정이 살아 있고, 생각이 솟아나고, 아름다움을 느낄 수 있다는 것은 큰 행복이다. 삶 속에는 행복, 사랑, 감동, 즐거움, 아픔, 미련이 녹아 있고, 살아오며 엮인 인연은 '벌이줄'처럼 내 삶의 균형을 잡아 주고 있다.

6·25 전쟁 와중에 두메산골 마을인 '피란곳(지금 경기도 광주 인근)'에서 대포 소리를 들으며 태어나 용케 세상 빛을 봤으나 백일도 안 된 갓난아기 시절, 천연두에 걸려 인생의 첫 시련을 맞았다. 그 당시 천연두는 '상감마마'와 동격인 '마마'로 불릴 정도로 무서운 전염병이었다. 전쟁 중이니 병원엔 갈 엄두도 못 내고 오직 어머니의 품에 안겨 삼신할머니의 처분만 기다릴 뿐이었다. 하나밖에 없는 장손을 살려 달라는 어머니의 간절한 기도가 통했는지, 동네 아기들은 거의 다 죽었으나 나는 기적적으로 살아남았다. 갓난아기라 보채기만 하고 긁을 줄을 몰라 얼굴에 곰보 자국도 면했다. 아장아장 걸을 때, 마을 앞개울에서 속수무책으로 떠내려가는 나를 6살 위의 누나가 물속에 뛰어들어 살려냈으니 지금 내가 존재하고 있는 것은 기적에 가깝다.

어릴 때 행동이 굼떠 '백곰'이라 불렸다. 운동신경이 둔한 건 아니나, 머리가 약삭빠르지 못한 것이 문제였다. 배고프던 시절 남의 잔칫집에 가면 또래의 애들은 맛있는 음식을 재빠르게 챙겨 먹는데, 나는 뒤에서 어슬렁거리다가 입맛만 다시고 돌아오곤 했다. 그럴 때면 할머니께서 슬그머니 챙겨다 먹여 주시곤 했다. 지금도 세상은 급변하고 있는데 나는 한참 후에야 '그렇구나!' 하고 알아차릴 정도로 둔하다.

나의 또 다른 취약점은 누구나 할 줄 아는 화투나 트럼프를 전혀 못한다는 것이다. 남의 손에 든 패를 눈치로 파악해야 하는데 그런 재주가 없을뿐더러, 요행을 바라고 남에게 부담을 주는 행동이 싫다. 어머니의 삶을 본받아 어려운 일이 있어도 남에게 부탁하거나 도움을 받기보단 혼자 감당하며 살아와 누구에게 신세 진 일도 없고, 빚진 일도 없다. 평범히 사는 것도 쉬운 일이 아니라고 만족하며 살아가는 보통 사람으로서의 삶을 만족한다.

남이 볼 때 재미없다고 생각하는 놀이가 어쩌다 내 취미가 됐다. 등산, 클래식 기타, 서예, 목공 같은 것들인데, 모두 오래전부터 하던 짓이라 이젠 거의 몸에 배어 있다. 초등학교 때 세뱃돈으로 톱과 대패를 사서 익힌 목공기술로 집안의 가구를 만들어 쓰고, 중학교 때부터 삼촌을 따라 서울 인근의 산을 쏘다닌 덕에 백두대간 종주, 히말라야 트레킹도 즐기는 '산꾼'이 됐다. 고등학교 때 클래식 기타를 처음 잡고 〈금지된 장난 로망스〉를 배우기 시작한 것이, 지금은 남 앞에서 연주하는 만용을 부리기도 한다. 글씨체가 시원치 않아 시작한 서예는 어느덧 27년 경력으로 대한민국미술대전(국전)에서 특선을 수상했고, 내친김에 문인화, 수채화, 한국화 등 그림 분야에도 기웃거리고 있다. 그러고 보니 내가 하는 취미의 대부분이 혼자서도 할 수 있는 것들이라 아직 몸에 붙어 있는가 보다.

누구나 아름답고 멋있는 삶을 갈망하지만, 세상엔 걸림돌이 많아 실천하기가 어렵다. 먹고사는 기본적인 문제부터 가정사, 얽히고설킨 인간관계, 복잡한 사회생활까지 현실에서 벗어나기 힘드니 나를 뒤돌아볼 여유가 없다. 하지만 잠시 하던 일을 멈추고 삶의 의미를 되짚어 보는 시간이 필요하다.

내가 생각하는 아름답고 멋있는 삶은 '나를 맘대로 표현하기'와 '나를 맘껏 즐기기'이다. 나를 맘대로 표현하는 방법으로는 말하기와 글쓰기가 있을 테고, 나를 맘껏 즐기는 방법으로는 여행 다니기, 예술(그림, 음악) 행위 등이 있을 것이다. 특히, 나에겐 산과 자연을 찾아다니는 놀이가 무엇보다 편하다. 그 이유는 시간 맞추느라 신경쓸 필요가 없고, 아무 때나 갈 수 있으며, 천천히 걷든 빨리 걷든 모두 내 자유이기 때문이다.

자연은 언제 어느 때나 나를 받아 주는 고마운 친구요, 동반자다. 고민과 번뇌로 머릿속이 복잡할 때 산길을 호젓이 걷다 보면 모든 걱정이 하찮은 것임을 깨닫는다. 자연의 무한한 에너지로 몸과 마음을 치유하고 마음속에 숨어 있는 말을 불러내 글로 표현하도록 용기를 북돋운다.

문득 떠오른 평범한 단어가 평소엔 느끼지 못했던 새로운 의미로 다가오며, 과거 · 현재 · 미래를 가늠해 보는 사색의 시간을 제공한다. 시간이 흐를수록 자연스러운 삶을 추구하고, 경쟁에서 벗어나 호젓이 나만의 시간을 즐기고 싶다. 마음에 맞는 사람과 허물없이 즐기는 시간이 소박한 행복이고, 세상을 관망하는 여유를 갖는 것이 삶의 즐거움이다. 길에서 만나 반갑게 인사하는 지인들, 술잔을 기울이며 정을 느끼고 웃음을 나누는 이들과의 만남은 삶을 풍요롭게 한다.

마음속에 담긴 이야기, 세상을 바라보며 느낀 소소한 생각, 언뜻언뜻 스치던 단상(斷想), 지난 삶 속에 여백을 채우고 있는 이야기들을 무딘 붓끝에 맡겨 보려 한다.

첫 직장인 한국원자력연구원에서 36년을 근무하고 정년퇴임한 평범한 직장인으로, 그동안 무난히 살아온 삶을 보람으로 여긴다. 인생의 36년 반려자인 아내와 귀여운 손자 손녀를 품에 안겨준 아들, 딸, 사위, 며느리가 지금의 내 삶을 사랑으로 가득 채우고 있다.

2015년 9월

우종섭

哈巴

첫째마당

마음에 잠긴 생각들

마음속에 많은 생각이 있으나 표현하기가 쉽지 않은 이유는 나를 너무 잘 알기 때문이다. 생각을 글로 쓴다는 것이 어렵다 보니 펜을 들긴 했어도 망설여짐은 어쩔 수 없다.

삶의 여백에 채워 넣을 사연이 많고 떠도는 생각이 어수선하나, 표현의 갈증을 시원히 풀지 못해 여전히 마음의 허기로 남아 있다. 마음속에 숨어 있는 감성을 끌어내 이야기를 꾸며 보려 한다.

마음속 공간에 새기는 글

소중한 인연, 벌이줄

어수선한 물건이 흐트러지지 않도록 이리저리 벌여서 묶어 주는 줄을 '벌이줄'이라고 한다. 연(鳶)은 귀퉁이를 모아 하나로 묶는 이러한 벌이줄이 적절히 균형을 잡아 줘야 제대로 날 수 있다.

사람과 사람 사이의 연분은 '인연(因緣)'이라고 하며, 인연도 연(鳶)의 벌이줄처럼 서로 얼기설기 균형이 잘 잡혀야 정상적인 인간관계를 유지할 수 있다.

사회생활을 하며 만나는 여러 사람과 엮이는 인연은 참으로 다양하다. 행복하고 흐뭇한 인연, 천년만년 간직하고 싶은 인연, 감동적인 인연, 아쉽고 미흡했던 인연, 잊고 싶은 인연, 등 수없이 많지만, 제대로 균형 잡힌 벌이줄로 엮인 인연은 그리 많지 않다. 인간관계가 개입된 얽히고설킨 상황이 복잡하기 때문이다. 살면

서 엉킨 인연을 얼마나 잘 정리하며 사는가가 그 사람의 삶을 편안하게도 하고 고단하게도 한다.

인연은 서로 있음을 인정해야 존재한다. 그래서 나에게 있어야 할 사람과 있어선 안 될 사람을 구분할 필요가 있다. 있어선 안 될 사람과의 인연의 줄은 과감히 끊어 버리고, 소중한 인연의 줄은 오래 간직해야 한다.

내 삶에서 벌이줄로 제대로 묶인 인연의 끈은 몇 개나 될지, 또 앞으로 그런 인연의 끈은 얼마나 더 만들어질지 궁금하다.

벌이줄로 균형이 잘 잡힌 인연이 많으면 많을수록 삶은 안정되고 풍요로울 것이다.

그중에서도 '잘 아는 사람' 과 함께

사회생활을 하다 보면 이래저래 알고 지내는 사람이 많이 생긴다. 아는 사람의 범주에는 '잘 아는 사람', '그저 그렇게 아는 사람', '꼴도 보기 싫은 사람'이 있다.

'잘 아는 사람'은 눈빛만으로도 반가운 사람이다. 설령 그 사람이 나를 못 봤다 해도 일부러 좇아가서 인사하고 싶은 사람이다. 감성과 인간성에 끌리는 사람, 나의 고민을 털어놓을 수 있고, 내가 어떤 실수를 저질러도 내 편이 되어 줄 사람이다.

'그저 그렇게 아는 사람'은 사회생활 중에 직장 또는 모임을 통해 친분이 있는 사람으로, 아는 사람의 대부분은 여기에 속하며 개인적으로 깊이 알지는 못하지만 간단히 안부 정도를 나누는 사이다. '그저 그렇게 아는 사람'은 시간이 지나면서 '잘 아는 사람'이 되기도 하고, 경우에 따라 '모르는 사람'이 되기도 한다.

'꼴도 보기 싫은 사람'은 마주치기 싫어 멀리서도 피해 버리고 싶은 사람이다. 만나 봐야 나쁜 추억만 되살아나고, 생각만 해도 기분이 상한다. 그런 사람은 안 보는 게 상책이다.

오늘 '잘 아는 사람'과 만나 막걸리 한 잔을 나누고 싶다.

벗과 함께 걷는 추억의 길목에서

멀리서 발걸음 소리가 들린다. 친구의 익숙한 발소리는 다정한 목소리와 함께 대문을 넘어온다.

▶ 초등학교 때 동네 꼬마들이 모여 조직(?)을 만들었다. 학교 수업을 마치면 골목 어귀에 대여섯 명이 모여 신당동 시구문을 지나 부잣집 돌담을 끼고 장충단공원으로 향한다. 거의 매일 다니는 길인데도 골목 하나를 그냥 지나치지 못하고 놀잇거리를 만들어 놀며 장충단공원에 도착한다.

전국의 한량들이 다 모인다는 장충단 활터, 한복 입은 기생들이 대기하고 있다가 멀리 활 표적 뒤에서 아동이 튀어나와 붉은 깃발로 원을 그리며 명중을 알리면 한바탕 춤사위를 벌이고 들어간다. 장골의 어른들 모습도 멋있었지만, 곱게 차려입은 기생들의 화려한 모습을 보려고 거의 매일 찾았다.

장충단 계곡으로 들어서면 놀 거리가 더 많다. 칡넝쿨로 밧줄을 만들어 타잔 놀이도 하고, 여름철이면 계곡에서 물놀이하며 어른들 남탕, 여탕을 몰래 훔쳐보기도 하고, 숲 속에서 곱게 차려입은 여인들이 돗자리 하나 말아 들고 막걸리 주전자를 한 손에 들고 한량들을 끌어들여 야릇하게 노는 모습을 호기심 어린 눈으로 보며 킥킥거리기도 했다.

장충단 계곡 길을 따라 한참 가다 보면 남산 꼭대기에 도착한다.

어린이 걸음으로 힘들게 남산까지 가는 이유는 그곳에 미군 AFKN 방송국이 있어 철조망 너머로 TV를 볼 수 있기 때문이다. 흑백 화면에 무슨 내용인지도 모르지만, 난생처음 TV란 것을 보는 재미는 흥미진진했다. 어둑어둑해서야 집에 들어오면 어른들께 혼나지만, 다음 날이면 어김없이 또 책가방을 내던지자마자 장충단으로 향했다. 그때 골목친구들, '노마', '춘근이'는 지금쯤 다 어디에서 무얼 하고 있는지?

몇 년 전 50년 만에 찾아간 서울운동장 옛 동네는 이제 자취조차 없고, 그 자리에 생소한 '동대문역사문화공원'과 '디자인플라자'가 들어서 있다. 서울운동장 담 길을 따라 생각나는 옛 추억들, 다닥다닥 붙은 판잣집 풍경, 얼음 공장(부스러기 얼음조각을 누나와 같이 주워 냉차 장수에게 팔기도 했다)에서 나오는 허연 김, 방공호에 사는 꾀죄죄한 노부부의 순애보(할머니가 돌아가시자 한 달 만에 바로 따라가신 할아버지), 하루가 멀다고 벌어지는 동네 싸움, 왜 그리 불은 자주 나는지 한 달에 한두 번 하게 되는 불구경, 외발 썰매를 타던 언덕, 이젠 모두 '추억 바구니'에 담겨 있다.

▶ 답십리 집 초록 철 대문 위로 내 이름을 부르는 소리에 반갑게 뛰어나간다. 대학 때 단짝 친구들이다. 수업이 끝나면 친구 하숙집을 가든지 아니면 우리 집에 와서 놀았다. 바둑을 두고 무협

지를 보다가 저녁때가 되면 하숙집 주인이 못 이기는 척 밥 한 그릇을 더 얹어 주던 모습이 눈에 선하다.

학교 앞 골목 막걸리 집에서 깍두기를 안주 삼아 청춘의 울분을 토하고 인생을 논하며 밤을 새우기도 했다.

우리 집은 답십리 청계천 둑 아래에 있는 허름한 양옥이었다. 내 방은 둘이서 누우면 꽉 차는 한 칸짜리로 비좁았지만, 그 방에 서너 명이 들어앉아 기타 치고 노래하며 청춘의 밤을 보냈다.

어머니는 아들 친구들을 위해 새벽 4시에 일어나 따뜻한 밥을 지어 아랫목에 묻어 놓고, 김치찌개를 끓여 상보로 덮어 놓고 일을 나가셨다. 찢어진 바지를 짜깁기해 주시던 친구 어머니의 손길, 아들 친구를 친아들처럼 맞아 주시던 정감 어린 눈길. 어머니에 대한 아름다운 추억들이 주마등처럼 스친다.

그 친구들은 수십 년이 지난 지금도 만나면 바로 옛 시절로 돌아간다. 어머니는 이제 세상에 안 계시지만, 아들 친구들은 그 시절 추억을 떠올리며 그때의 어머니 모습을 그리워한다. 벗은 마음으로 통하기에 시간을 넘어 추억의 공간으로 같이 들어간다. 그 공간에는 청춘의 아름다운 추억들이 가득 차 있다.

나이 차를 줄이는 꿈같은 비법

상대와 나이 차이가 적었으면 좋겠다는 생각이 들 때가 있다. 작년엔 10살 차이였는데, 올해는 9살 차이로 줄어들면 얼마나 좋을까? 매년 한 살씩 줄어든다면 10년 후엔 동갑이 될 텐데……. 상대는 세월을 따라 늙어 가도 나는 현재 그대로 머물고 싶다는 말도 안 되는 희망 사항이다.

'프레드 진네만'의 영화 〈Five Days One Summer〉에서 50년 전 알프스 산에서 죽은 약혼자의 얼굴을 70대 노파가 바라본다. 알프스 빙하 속에 냉동된 채로 50년 만에 떠밀려 내려온 20대의 약혼자는 영원한 청춘을 간직하고 있었다.

왜 산에 오르느냐는 질문에 "산이 거기 있어서"라는 명언을 남긴 영국 등산가 '조지 말로니'는 에베레스트에서 실종됐다가 75년 만에 동사한 모습으로 발견됐다. 나이로 계산하면 113세 되는 해에 발견된 셈인데, 38세 청년의 모습으로 나타난 것이다.

상대는 늙어 가는데 나는 젊어진다는 가설은 꿈같은 얘기지만, 그래도 상상만으로도 흐뭇하다. 나이가 든다는 것은 나는 그대로 있는데 주위가 변하는 것으로 생각하면 편하다. 겉모습이 늙어가는 건 어떻게 할 도리가 없겠으나, 마음과 생각은 내 임의대로 매년 한 살씩 줄일 수 있지 않을까? 젊게 생각하고 건강한 몸을 유지하는 것이 나이 차를 줄이는 방법이다.

인간의 미래와 우주의 섭리

많은 성인과 철학자가 "인간은 우주와 같다."고 말했다. 동학사상의 인내천(人乃天, 사람이 곧 하늘)도 사람이 우주와 동격이라는 의미다. 하찮아 보이는 개미의 세계는 '땅 우주'에 속하고, 볼품없어 보이는 잡초는 '식물 우주'의 구성원이다.

우주에서는 대폭발, 블랙홀, 별의 생성 등 인간이 상상할 수도 없는 초자연적인 현상들이 일어나고 있다. 우주 속에서 인간은 등장한 지 얼마 되지도 않았을뿐더러, 광대한 우주와 비교할 때 아주 미미한 존재에 불과하다. 그런데도 인간세계에서 일어나는 일들은 매우 복잡하고 미묘해 우주와 맞먹을 정도다.

우주의 신비를 분석해 보면 인간의 미래도 점칠 수 있지 않을까? 인간세계가 앞으로 우주의 생성, 발전과정을 그대로 따라갈 것이라고 가정하면, 우주의 이력을 통해 인간의 갈 길도 예측할 수 있다. 인간의 미래가 우주의 섭리를 따른다면 우주의 생성과 진행과정이 인간의 문명이 되고, 생활이 되고, 철학이 될 것이다.

인간은 우주를 눈여겨보고 우주의 섭리를 연구해 앞으로 인간이 가야 할 길을 예측해야 한다. 그 이유는 인간도 우주의 섭리를 따르는 하나의 생명체이기 때문이다.

오늘 만난 사연은 의미 있는 사연인가요?

나에게 의미 있는 사연이 얼마나 있는지 생각해 본다. 이 세상에는 수없이 많은 일이 생겼다가 없어지곤 한다. 사람은 사회의 틀 속에 공존하며 수많은 사연을 접하지만, 대부분은 무심코 지나친다. '그건 나에게 아무 의미가 없어. 그건 남의 일이야.' 하는 생각에 무관심으로 대한다.

남의 말에 공감하고 감동을 한다 해도 그 말을 내 마음속에 담아 두기란 쉽지 않다. 남의 얘기는 건성으로 듣다 보니 여러 번 들어도 처음 듣는 얘기 같다. 남의 말 속에 담긴 의미를 이해하고 그 의미를 내 의식에 담기는 힘들기 때문이다. '이해한다는 것'은 '그렇구나!' 하는 정도의 장단 맞추기에 불과하고, 마음속에 담는다는 것은 의식 속에 각인시킨다는 뜻이다.

주위에는 조금만 신경 쓰면 마음에 담아 둘 의미 있는 사연이 많다. 상대방의 사연을 내가 어떻게 받아들이고 공감하느냐에 따라 의미 있는 사연이 되기도 하고 때로는 무의미한 사연이 되기도 한다.

오늘 만나는 사람의 이야기를 건성으로 듣지 말고 차근히 경청해 의미 있는 사연으로 만들어야겠다. 의미 있는 사연을 많이 만들수록 친분 있는 사람의 범위가 넓어지며, 그들과 더불어 사는 삶이 한층 더 즐거울 것이다.

내 삶의 버킷리스트

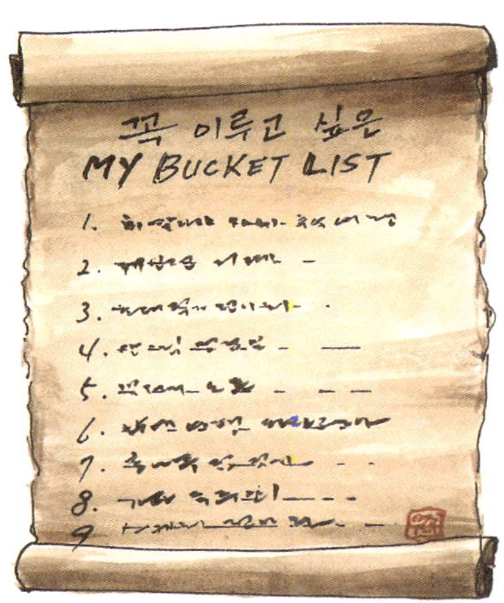

죽기 전에 꼭 하고 싶은 것을 적은 목록을 '버킷리스트(bucket list)'라고 한다.

이 단어의 유래는 그리 유쾌하지 않다. 자살하려고 목에 밧줄을 걸고 양동이를 발로 찼다는 'kick the bucket'에서 유래된 말로, 죽기 전에 꼭 해 보고 싶은 간절한 목표를 말한다.

나이 들면 젊었을 땐 여유가 없어 못했던 것들이 하고 싶어진다. 그렇다고 전혀 새로운 것을 시작하는 것은 시간 낭비일 뿐이니 과거에 접했던 것 중에서 마음 내키는 것을 골라 수준을 향상하는 것이 실현성이 높다.

아름답고 멋있게 살려면 어떻게 살아야 할까? 남에게 보이는 삶이 아닌 나 자신을 위한 알찬 삶을 생각해 본다. 멋있고 보람 있고 '그래! 나는 제대로 살고 있는 거야'라고 자신에게 말할 수 있는 인생을 누구나 꿈꾼다. '아름답고 멋있는 삶'과 '버킷리스트'의 의미는 같다고 본다. 하고 싶은 일을 적은 '버킷리스트'를 모두 이루고 산다면 그것이 바로 '아름답고 멋있는 삶'이기 때문이다. 세상을 살아가기 위해서는 여러 제약과 속박이 따르기에 내 맘대로 행동할 수 없지만, 그래도 나에게 허용된 범위 내에서 '멋진 삶'을 실천하는 방법을 생각해 본다.

그 방법의 하나는 '표현하기'와 다른 하나는 '즐기기'이다. 나를 맘대로 표현하기 위해서는 남의 눈치 보지 않고 하고 싶은 말을 할 수 있어야 하고 갇혀있는 속마음을 글로 표현하는 용기가 필요하다. 나를 맘껏 즐기려면 그 무엇에도 구애받지 말고 훌쩍 여행을 떠나는 결단과 예술(서예, 그림, 음악 등)로 표현하는 자유로운 감각이 있어야 한다.

버킷리스트를 실현하려면 내가 원하는 목표가 과연 구체적이고 현실적인지, 또 정해진 기간 안에 달성할 수 있는지를 꼼꼼히 따져 봐야 한다. 막연히 무언가를 하고 싶다는 것은 단지 꿈에 지나지 않을뿐더러 몸과 마음을 지치게 하고, 남에게는 실없는 사람으로 비칠 수 있다. 남이 한다고 따라 하다가는 시간과 돈만 낭비할 뿐이다.

나의 버킷리스트에는 제대로 된 글쓰기, 개인전(서예, 그림), 독주회(클래식기타), 남미 여행, 산티아고 트레킹, 칠순(七旬)기념 히말라야 트레킹 등 여러 가지가 있지만, 모두가 실행하기에 녹녹치 않은 항목들이라 현재는 꿈에 지나지 않는다. 그 꿈을 실현하기 위해서는 지금부터 구체적인 계획을 세워 차근차근 실행에 옮겨야겠다.

살면서 꼭 지켜야 할 것

어떻게 살아야 할까를 생각하다 보면, 살면서 꼭 지켜야 할 것이 무엇인가를 우선 떠올리게 된다. 하나는 '나를 위해 지켜야 할 것'과, 다른 하나는 '남을 위해 지켜야 할 것'이다.

'나를 위해 꼭 지켜야 할 것'은 건강한 다리와 눈이다. 내가 원하는 곳을 가기 위해선 걸을 수 있어야 하고, 내가 보고 싶은 것을 보려면 눈이 건강해야 한다. 이 두 가지만 유지된다면 최소한 사는 의미는 있다고 본다. 움직이지 못해 모든 일상사를 모두 남의 도움을 받아야 하고, 앞을 볼 수 없어 남을 통해 세상을 봐야 한다면 얼마나 참담한 삶인가. 그래서 '걷는 능력'과 '보는 능력'은 죽을 때까지 건강히 유지해야 할 필수조건이다.

'남을 위해 반드시 지켜야 할 것'은 온전한 정신이다. 정신이 혼미해지면 가족뿐 아니라 사회에도 엄청난 부담을 준다. 치매가 대표적인 예로, 본인은 정신을 놓고 만사태평일지 모르나 가정이 파괴되고 사회적 부담도 크다. 그러니 죽을 때까지 정신만은 온전히 간직해야 한다.

위의 두 가지 조건, 즉 건강한 다리와 눈, 그리고 온전한 정신을 유지하기 위해선 적당한 처방이 있어야 한다. 다리가 건강해지려면 열심히 걸어야 하고, 눈을 건강하게 하려면 자연을 자주 접해야 한다. 정신이 건강해지려면 좋은 사람과 만나 즐거운 시간을 자주 갖고, 몸에 맞는 취미를 찾아 많이 움직여야 한다.

건강한 몸과 건강한 정신은 삶의 기본요소로, 평소에 잘 가꾸어야 함은 논란의 여지가 없다.

나에게 남아 있는 것

나에게 없는 것을 탐하기 시작하면 그때부터 불행해진다.
생각을 바꿔 나에게 남아 있는 것에 만족하면 행복해진다.

남이 가진 것은 내 것이 아니다.
내가 가진 것은 하찮은 것이라도 소중하다.
나만이 쓸 수 있기 때문이다.
작은 것도 의미를 부여하면 새로 창조된다.

고인 물이 썩듯 내가 가진 것도 정체돼 있으면
부패해 쓸모가 없어진다.
남아 있는 것을 꺼내어 갈고 닦으면 새로운 것이 되고
남의 것을 섞으면 더 큰 새로움을 낳는다.
내게 있는 것은 교류를 통해 생동감을 되찾을 수 있다.

그림자를 아름답게 가꾸자

그림자는 빛이 있어야 존재한다.
빛은 밝을수록 빛답고
그림자는 어두울수록 그림자답다.

모든 물체에는 빛과 그림자가 항상 공존한다.
밝은 빛 뒤에는 반드시 어두운 그림자가 뒤따른다.

빛은 색을 나타내 형상을 보여 주고
그림자는 검은색 하나로 물체의 윤곽을 나타낸다.

정신의 그림자는 '마음'이고,
삶의 그림자는 '인품'이다.

물체의 그림자는 빛에 따라 변하지만
정신의 그림자인 '마음'과
삶의 그림자인 '인품'은 변하지 않는다.

감성이 풍부한 '마음'과
향기 나는 '인품'을 위해
그림자를 아름답게 가꾸어야 한다.

무소유, 그 궁극의 목표

소유하면 그 시점부터 근심 걱정이 시작된다. 반대로 내가 가진 것이 없으면 잃을 것이 없으니 걱정할 게 없다. 재산이 많든지, 지위가 높든지, 자식이 많든지, 뭐든지 많으면 많을수록 잃을 것에 대해 두려움과 걱정이 따른다.

대부분 사람은 많은 것을 소유하기 위해 욕심을 부리고, 가진 것을 안 뺏기려 전전긍긍하며 산다. 욕심을 버리고 적당한 무소유로 만족할 줄 아는 삶을 설계하는 지혜를 갖추지 못했기 때문이다.

해답은 자연의 순수함에서 찾을 수 있다. 자연은 가진 것을 인간이 필요로 할 때 아낌없이 내준다. 햇빛, 바람, 눈, 비, 모두 자연이 인간에게 대가 없이 내주는 선물이다. 무소유는 속박과 번뇌

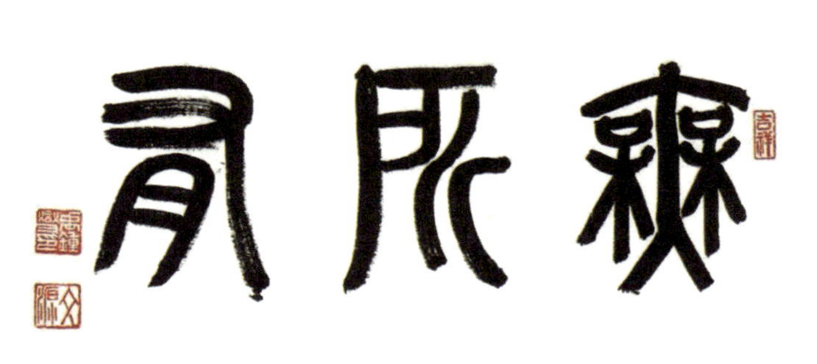

의 굴레에서 벗어나 삶을 편안히 해 주는 궁극의 목표이다. 생을 마쳤을 때 갖고 가는 것이 무엇인가를 생각해 보면 쉽게 이해할 수 있다. 죽음과 함께 가져가는 것은 아무것도 없고, 남아 있는 이들에게는 추억만 기억될 뿐이다. 남긴 추억거리마저 없다면 철저히 무소유로 사라지는 것이 인생이다. 무소유로 살되 남에게는 좋은 추억을 남길 수 있는 삶이 바람직하다.

너와 나의 '사이'에는

물리적 간격을 얘기할 때 '무엇과 무엇 사이'라고 한다. 물리적인 것 외에 눈에 보이지 않는 사이도 있다. 사이에는 공기 또는 매개체가 있고, 이 사이를 X선, 방사선(α, β, γ), 그 밖에도 전파, 음파 등 인간의 눈에는 보이지 않지만 수없이 많은 것들이 넘나들고 있다.

영적인 것들, 텔레파시, 육감이라는 것도 어떤 매체를 통해 전달될 것이고, 현대 과학으로 증명해 보일 수는 없지만 사이를 채우고 있는 것들이 세상에는 참으로 많다.

그렇다면 인간관계에서 '사이'는 무엇으로 채워져 있을까. 인간관계에는 감정이란 매개체가 있다. 즉 마음을 전달하는 매체인데, 어떻게 전달되는지 또 전달효율은 얼마나 되는지 구체적으로 해석하기란 불가능하다. 온갖 과학적 지식을 다 동원한다 해도 사람의 마음을 꿰뚫어 볼 수 없기 때문이다.

사람의 마음은 깊기도 하고, 얕기도 하고, 잔인하기도 하고, 너그럽기도 해 종잡을 수 없다. 어떤 땐 나 자신도 내 마음을 알지 못하니 무한차원 함수로도 풀이할 수 없는 영역이 사람의 마음이 아닌가 싶다.

사이라는 것은 틈이고 인간관계에서는 그 틈을 통해 의사 전달이 이루어지므로 그 빈틈을 따뜻한 '감성'으로 채워 놓아야 서로의 마음이 편히 드나들 수 있다.

추억과 기억, 그 오묘한 차이

추억은 저절로 떠오르지만
기억은 끄집어내야 한다.

아름다운 추억은 미소와 함께 불현듯 떠오른다.
추억으로 통하는 길은 아름답고
미소를 머금게 하는 사연이 많지만
기억으로 가는 길에는 잡동사니와
복잡한 사연으로 뒤섞여 있다.

기억 속에는 생각하고 싶지 않은 것들도 섞여 있어
되살리면 평온하던 마음이 혼란스러워진다.

추억에는 설령 아픔이 있다 해도 미소가 젖어 있어
추억의 길은 걷는 내내 평온함으로 가득하다.

‘세월시계’ 열쇠의 주인은 신神

인간에겐 각자의 ‘세월시계’가 있고 이 시계는 고장 나는 법이 없다. 어떤 땐 느리게 가고, 어떤 땐 빨리 가기도 하지만 절대 멈춰 서는 법이 없다.
세상은 시간에 맡겨진 채로 무한히 흘러가며 그 시간은 누구도 어찌할 수 없다.

시간은 신의 영역이다.
하느님은 ‘세월시계’의 열쇠를 절대 인간에게 내주지 않는다.
시공을 초월해 과거와 미래를 마음대로 넘나들 수 있다면
혼란스런 세상이 눈에 뻔히 보이기 때문이다.

인간은 ‘세월시계’의 열쇠를 탐하지 말고 과거를 되돌아볼 수 있는 기억력과
미래를 점쳐 보는 상상력을 가진 것만도 감사하며 살아야 한다.

2010년 발생한 칠레 대지진의 영향으로 지구의 자전축이 8cm 이동해 하루의 길이가 1.26마이크로초 짧아졌다고 NASA가 발표했다. 이는 1만 년에 0.45초 짧아졌다는 계산인데, 인간에겐 어마

어마한 영향을 준 지진임에도 불구하고 '세월시계'에 미친 영향은 참으로 미미하다.

'세월시계'는 하느님만이 관리하며 인간의 운명은 그 시계에 얹혀 정해진 대로 흘러갈 뿐이다.

서로를 알아주는 인생 수양의 길

'내 마음은 그게 아닌데…….'
'그럼 진짜 마음은 뭔데? 말을 해야 알지!'

많은 사람은 남이 내 마음을 몰라준다고 섭섭해 한다. 가장 흔한 경우가 가족 사이의 사랑 표현일 것이다. 마음속에선 분명 '사랑하고 있다.'고 말하고 있는데, 실제로는 쉽게 표현하기 어렵다. '상대가 헤아려 주겠지.' '말 안 해도 내 맘을 다 알고 있을 거야.' 그러나 현실은 내가 말을 안 하면 상대방은 절대 모른다. 수십 번 설명해도 알까 말까 한 것이 사람의 마음인데, 남이 알아서 내 맘을 이해해 주길 바란다는 건 말이 안 된다.

내 마음을 진정으로 이해해 주는 친구가 하나만 있어도 성공한 인생이라고 한다. 부부간, 핏줄이 같은 부모 · 자식 간에도 오해와 편견이 비일비재한데, 하물며 남한테 이해해 달라고 바라는 것은 어불성설이다. 대충 인간성을 믿고 마음의 윤곽만 잡을 수 있어도 다행이다. 나 자신의 정체성도 애매할 때가 많은데 어찌 남이 나를 알 수 있겠는가?

'내 생각과 상대방의 생각이 어쩌면 이렇게도 다를 수 있을까?'
내가 배려하고 아껴 주는 마음이 그대로 전달되지 않으니 안타깝다. 내가 상대의 마음을 알 수 없듯이, 상대도 내 마음을 헤아릴 수 없어 오해와 갈등이 생긴다.

'왜 내 마음을 그리도 몰라줄까?'라고 생각하기보다는 '왜 나는 상대방을 이해하지 못할까?', 즉 역지사지(易地思之)로 생각해야 한다.

알면서도 시시콜콜 다 표현하지 못하는 경우가 많고, 생각이 다르다고 따지고, 언성을 높이다 보면 극한 상황까지 가게 되고, 해서는 안 될 막말까지 뱉고 나면 돌이킬 수 없게 된다. 이해하기 어려울 땐 잠시 숨을 고르고, 상대방 처지에서 생각해야 한다. 그렇다고 내 마음을 알아주든 말든, 나대로 최선을 다했다고 뒷짐 지고 있으면 일이 더 꼬일 수 있다. 상대를 이해시키도록 최대한 노력해 봐도 더 안 되는 것은 어찌하랴. 최선을 다한 후에 받아 주고 안 받아 주고는 상대방의 몫이다.

나를 자주 표현하고, 대화를 많이 하고, 상대방에게 진솔하게 내 마음을 전달하려 애쓴다면 최소한 엉뚱한 오해는 피할 수 있다. 내 마음을 표현하는 방법과 함께 남의 마음을 이해하는 방법을 터득해야 한다. 상대를 배려한 언행과 인내로 조급함을 곱씹어 삼키는 것이 인생 수양이다.

마음의 쪽문을 열고

모든 것에서 벗어나 편히 쉴 수 있는 공간은 내 마음속에 있다.

아무 때나 들러 응어리진 고민을 풀어헤칠 수 있고
가슴 밑바닥에 잠겨 있는 슬픔도 쏟아낼 수 있다.
기쁨과 행복을 나눌 수 있다.

마음속 한구석에 쪽문을 만들고 초인종도 누를 필요 없이
아무 때나 들리면 된다.
자물쇠가 없는 쪽문을 열고 나만의 공간으로 들어가
감춰진 속마음을 터놓고 싶다.

내 인생의 성과물, 현재 내 모습

내 몸과 마음의 소유권은 의심할 여지없이 나에게 있다. 세상에 태어날 때는 부모의 몸을 빌렸지만, 인생을 어떻게 살아가고 내 몸을 어떻게 가꾸는가는 온전히 내게 달렸다. 인간의 심성은 교육을 통해 성장하며, 내 몸과 마음의 관리는 배운 지식과 경험을 활용해 내가 책임져야 한다.

'정신적 건강'

교육을 통해 세상 살아가는 법을 배웠다. 올바른 생활이 무엇인지도 배웠다. 그러나 세파에 휩쓸리다 보니 초등학교에서 배운 바른 생활도 제대로 지키기 어렵다. 바른길보다는 쉽고 빠른 샛길만 찾아다니고 있다. 태어날 때 부여받은 숭고하고 맑은 정신이 점점 흙탕물과 뒤섞여 변질해 가고 있다.

'육체적 건강'

육신은 태아에서 젖먹이로, 어린이에서 성인으로 성장한다. 성인이 되어 내 몸을 내가 관리하는 시점부터는 먹는 것, 행동하는 것, 모두가 나의 선택에 달려 있다. 태어날 때부터 병을 갖고 있다면 어쩔 수 없지만, 대부분의 경우는 몸 관리를 어떻게 하느냐에 따라 건강 여부가 결정된다.

몸과 마음, 즉 정신과 육체는 전적으로 소유자 본인의 책임이다. 자기의 몸과 마음을 어떻게 관리하는가에 따라 그 사람의 인생이 변한다. 현재의 내 모습은 그동안 내가 어떻게 가꾸고 관리했는가를 그대로 보여 주는 '인생의 성과물'인 것이다.

현실 세계 vs 아바타의 세계

현실에 존재하는 것이 아닌 사이버 공간에서 나를 대신하는 분신을 '아바타'라고 한다. '아바타'는 고대 '산스크리트어'인 '아바타라(Avatara)'에서 나온 말로, 세상의 죄악을 물리치기 위해 신이 인간이나 동물의 형상으로 나타난 것이다.

사이버 공간에 나의 아바타가 있다면 과연 어떤 행동을 하고 돌아다닐지 생각만 해도 신나고 흥분된다. 가고 싶은 곳은 다 가고, 하고 싶은 짓은 다 할 수 있으니 아마 '버킷리스트' 100개쯤은 가뿐히 해결할 수 있을 것이다. 아바타 세계에선 어떤 일이 벌어져도 현실 세계와는 상관없다. 그러나 한편으론 나의 아바타가 무슨 짓을 하고 다닐지 짐작이 안 가 두렵기조차 하다.

아바타의 세계는 인간의 상상을 뛰어넘는 곳이지만, 그 세계에도 아바타로서 지켜야 할 기본법이 있을 것이고, 만약 법을 위반하면 감옥에 갇혀 영영 현실 세계로 돌아오지 못할 수도 있다. 그렇더라도 활기 넘치고, 모험이 있고, 초능력의 체험이 가능한 꿈의 세계를 한 번쯤 가 보고 싶다.

곰곰이 생각해 보니 나의 아바타가 어떤 황당한 짓을 하고 돌아다닐지 짐작이 안가 아무래도 아바타 세계로 가보는 건 포기해야겠다. 현실의 나도 관리를 잘 못하는데 어찌 가상의 세계에 있는 나를 제어할 수 있단 말인가. 현실 세계와 인연을 끊고 아바타 세계로 들어갈 각오가 아니라면 잠시 상상한 것만으로 아바타의 꿈을 접는 것이 좋겠다.

내가 차리는 밥상

'밥상 차리기'에는 세 가지가 있다.

'남이 차려준 밥상'
'같이 차리는 밥상'
'내가 차리는 밥상'

남자들은 대부분 '남이 차려준 밥상'에 익숙해 있어 누군가 차려주지 않으면 굶든지 사 먹어야 한다. 내가 원하든 원치 않든 밥상을 손수 차려야 할 경우가 있다. 이런 때를 대비해 훈련되어 있지 않으면 밖에서 '남이 차려준 밥상'만 먹을 수밖에 없다.

여럿이 '같이 차리는 밥상'은 재미있기도 하고 새로운 정보도 얻고, 남의 노하우를 배우며 요리기술을 향상할 수 있다는 장점이 있다. 그러나 이런 경우는 자주 있지도 않고, 시간 소모가 많고 번잡하다.

'내가 차리는 밥상'은 잃어 가는 나를 찾는 방법 가운데 하나이며 도전해 볼 가치가 충분히 있다. 남이 차려 놓은 밥상은 아무리 진수성찬이라도 먹보 역할을 하는 들러리에 불과하다. 남이 차려 주지 못하는 비상 상황에 대비해서 내 밥상은 혼자 차릴 줄 알아야 한다. 내가 차린 밥상이 그럴듯하면 좋은 사람을 초대해 같이 오붓한 시간을 나눌 수 있다. 어찌 보면 내 밥상 차리기는 생존을 위한 필수사항일 뿐 아니라, 여러 사람과 즐거움을 나누는 친목의 도구가 된다.

얼마 전 요리학원에 등록해 두 달간 호텔 요리를 배운 적이 있다. 요리 '레시피'는 전문서적도 있고, 인터넷에서 얼마든지 정보를 구할 수 있지만, 번거롭게 요리학원에 다닌 이유는 직접 재료를 다듬고 불 조절이나 손맛 노하우를 배우고 싶었기 때문이다. 언젠가 내가 좋아하는 사람들을 초대해 직접 만든 요리와 함께 포도주 한 잔 곁들이며 정담을 나누는 모습을 상상해 본다.

기다림의 미학

이른 아침 출근길에 외진 정류장에 혼자 앉아 있는 사람을 본다.

어딘가 가려고 버스를 기다리는 중이겠지만, 무슨 생각을 하며 우두커니 앉아 있는 걸까? 사뭇 궁금하다.

그 사람에겐 '기다림'이란 선물이 덤으로 주어졌다. 어찌 보면 아무런 할 일 없이 무의미한 시간을 보내고 있는 것처럼 보이나,

알고 보면 아주 소중한 시간이다. 멍하니 있다는 것은 아무것도 안 하는 것이 아니라, 실제로는 듣고, 보고, 생각하는 것이다.

가끔 복잡한 머리를 식힐 겸 아무 생각 없이 멍하니 앉아 있고 싶을 때가 있다. 그 시간에 좋은 일, 좋은 사람을 떠올리면 기다림은 '나만의 즐거움'이 된다.

일상생활에는 자투리 시간이 많다. 그 시간에 마음 편히 눈앞의 광경에 시선을 맡기고, 무심코 떠오르는 생각을 즐기면 된다. 기다림은 무의미한 시간이 아닌 자신을 즐기는 시간임을 잊지 말자.

인도에서 떠난 '생각 여행'

생각이란 단어는 '헤아리고 판단하고 인식하는 정신상태'를 뜻하며 한자 표기가 없다. 비슷하게 한자를 갖다 붙인다면 '生覺', 즉 '살아 있는 깨달음'이라고나 할까? 조금 전 일을 잊고는 '뭐였더라?' 하면 생각이 없는 사람이고, 깜빡 잊고 나중에 '아차!' 하면 건망증이고, 생각 자체를 영원히 잊어버리면 치매다.

어떤 땐 잊고 있던 기억이 불현듯 떠오를 때가 있다. 완전히 잊었다고 여겼는데 엉뚱한 기억이 되살아나 나 자신도 당황스럽다. 황당하고, 어리석고, 허무한 과거는 영원히 묻혀 있기를 바라는데 가끔 '생각 여행'에 편승하기도 한다.

정신이 나간 것이 아닌, 깨어 있지만 멍한 상태, 초점을 잃은 동공과는 별도로 허공을 떠다니는 생각, 즉 자유로운 '생각 여행'이다. '생각 여행'에는 즐길 거리가 많을수록 좋다. 과거 · 현재 · 미래 모두가 생각 여행의 마당이며, 그 마당에 온갖 생각들을 채워 넣을 수 있다. '생각 여행'을 즐기려면 우선 내가 누구인지를 잊고, 나를 가둬 놓은 울타리를 허물고, 언뜻언뜻 떠오르는 생각들이 맘껏 뛰어놀게 하면 된다.

멀리 인도의 밤하늘 아래 덩그러니 있는 시간,
무료하고 주위의 간섭도 없는 고독의 시간이다.
이것저것 머릿속에 억제되어 있던 온갖 생각들이 마구 떠오른다.

상상의 세계, 이질적인 곳, 동떨어진 공간에 팽개쳐진 느낌이다.
숨어 있던 생각들이 얼기설기 솟구쳐 오른다.
어떤 것이 가상의 세계이고 어떤 것이 현실의 세계인지 구분할 수 없다.
나는 누구이고, 어디서 와서 어디로 가는지
내 마음은 어디에 있고 내 맘의 주인은 누군지
억제되고 제어된 삶이 내 인생에 어떤 가치를 부여하는지

나의 존재와 삶의 현주소를 찾아 헤매는 자아
허허벌판, 허무가 감도는 인도의 밤하늘에 둥둥 떠 방황하는
생각을 술 한 잔에 풀어 본다.

– 인도에서 밤하늘을 바라보며

그대, 혼자라고 생각하는가?

정신교육 프로그램에 유언장 쓰기 또는 관속에 들어가서 관 뚜껑에 못질하는 소리를 듣는 극단적인 체험이 있다고 한다. 죽음을 체험한, 즉 잠시 영혼이 분리됐다 깨어난 사람의 사례도 심심치 않게 회자하곤 한다.

문득 가까이 있는 가족과 친지가 모두 떠나고, 혼자가 된다는 상상을 해 본다. 인생은 어차피 혼자라고 하지만, 사회적 동물이기에 서로 의지하고 돌봐 줄 상대가 없으면 허무하고 무의미하다. 생각할 대상이 없다면 암흑세계에 있는 것과 같다.

누군가 나를 생각해 주는 사람이 있고, 나도 누군가를 생각할 상대가 있다는 것은 내가 살아 있음을 의미하며 삶의 활력소가 된다.

고독은 삶의 의욕을 잃게 하고, 정신과 육신을 점차 스러지게 한다. 그렇기에 서로 생각해 주는 사람을 많이 만들어 인생을 풍요롭게 가꾸어야 한다. 지금 이 순간도 내가 좋아하는 사람들을 생각하고 있으니 혼자가 아님이 틀림없다.

부정할 수 없는 영혼의 존재

영혼은 실제 존재할까? 존재한다면 인간생활에 어디까지 영향을 미칠까? 영혼의 무게를 실험적으로 측정해 보니 21g이었다고 '미국 심령학회지'가 발표했다.

내게는 할아버지가 돌아가실 때 영혼이 있다고 믿게 하는 일이 일어났다. 할아버지는 신당동에 사셨고 나는 마포에 살고 있었는데 12월의 추운 겨울날, 새벽 4시 통금이 막 해제된 시간에 신촌에 사시는 작은고모가 우리 집에 오셔서 대문을 두드렸다. 작은고모는 특유의 높은 톤의 목소리를 가졌는데, 내 이름을 수차례 부르는 소리에 어머니를 비롯해 집주인 아주머니까지 모두 마당으로 뛰어나와 대문을 급히 열었다. 그런데 집 밖에는 휑하니 아무도 없었다. 너무 놀라서 서로 멍하니 마주 보다 직감적으로 할아버지께서 위독하다고 판단하고는 급히 택시를 타고 신당동으로 향했다. 아니나 다를까, 할아버지는 이미 의식은 잃은 상태였고 내가 도착하고 나서 불과 몇 시간 후에 운명하셨다. 할아버지는 장손인 나를 불러 돌아가시는 순간에 같이 있고 싶었던 것이다.

또 한 번의 경험은 일찍 세상을 등진 작은누나 얘기다. 작은누나가 초등학교 때 병에 걸려 몇 개월 앓더니 너무 쇠약해져 가끔씩 정신을 잃곤 했다. 그런데 그 어린 누나가 정신만 잃으면 미래를 예언했다. 어머니의 노년과 동생의 장래 등등 가족의 미래에 대해 유창하게 말했다. 어린아이의 입에서는 나올 수 없는 단어들을 구사해서 식구 모두 누나의 혼령이 유언한 것으로 생각한다. 실제 우리 가족이 지금까지 살아온 과정이 그때 한 어린 누나의 유언과 크게 다르지 않다는 사실로 미뤄 볼 때 영혼을 믿지 않을 수 없다.

얼마 전 타계하신 어머님은 의식을 잃으시는 순간 내 휴대폰을 먹통으로 만들어 놓으셨다. 빨리 오라는 암시였다. 버튼을 누르지도 않았는데 아파트 엘리베이터 문이 저절로 열려 화들짝 놀랐는데, 그 역시 발걸음을 재촉하신 것이었다. 병상에서 서서히 쇠잔해 가시는 어머니의 모습을 지키던 아들, 며느리를 어머니의 영혼은 보고 계셨을 것이다.

과학적으로 입증되지 않았고, 소통의 방법이 없고, 실체가 없을 뿐, 영혼의 존재를 부정할 수는 없다. 누구나 육감이나 텔레파시를 체험한 경험이 있듯 인간으로서는 알 수 없는 미지의 세계가 분명 존재한다.

일상생활에서 영혼이 존재한다는 것을 인식하면 아마 정상적인 생활을 이어 가기가 불가능할 것 같다. 일거수일투족을 어떤 영혼이 모두 바라보고 있다고 생각하면, 도저히 불안해서 못 살 것 같다. 그래서 조물주는 '영혼의 세계'와 '인간의 세계'가 서로 소통하지 못하도록 절대적인 차단벽을 만들어 놓은 것이다.

조상님 영혼이 실제로 있다면 잘 살게 도와만 주고 직접 나타나지는 말기를 간곡히 부탁해 본다.

남기는 것과 남는 것의 차이, 예술

예술은 자연스러움을 표현하는 것이다. 과학적인 계산으로는 측정이나 분석할 수 없고 오직 예술적 감각으로만 감상할 수 있다. 자연이 가장 아름다운 이유는 인위적이 아닌 자연스러움을 갖고 있기 때문이다.

보는 이의 마음을 편안히 해 주는 작품에서는 순수함을 찾아볼 수 있다. 예술의 자연스러움은 오랜 학습과 노력을 거쳐 무의식 상태에서 술술 풀어져 나오는 것이다. 틀에 찍어 내듯 생산되는 작품은 예술의 혼이 없는 인쇄물에 불과하다.

작가는 자기의 예술혼을 나타내기 위해 숱한 고난의 길을 걷는다. 작품의 구성과 표현에는 작가의 인생이 들어 있다. '피카소'의 난해한 추상화도 젊었을 때 그가 그린 사실화를 보면 그의 그림이 어떤 과정을 거쳐 현재의 작품으로 탄생했는지를 알 수 있다. 다양한 장르를 섭렵하고 난 이후에 자기에게 가장 편하고 자연스러운 분야에 정착한 것이다.

예술은 자연스러워 보일 때가 가장 원숙한 경지에 도달한 것이다. 쉽게 표현한 것처럼 보여도 내면엔 고난의 과정이 숨겨져 있다. 그런 과정 없이 결과만을 따르려 한 예술에는 진정성이 없다.

살아 있는 생명체뿐 아니라 자연에 존재하는 온갖 물체는 똑같은 것이 없다. 구성 요소인 원자, 분자는 같은데 어떻게 조합하느냐에 따라 다른 형태를 보인다. 아무리 DNA가 같아도 비슷할 뿐 절대 똑같지 않다. 마찬가지로 예술도 등질성에 따른 정답이 없기에 무한한 매력이 있다. 그림 · 조각 · 공예 · 서예 · 음악 등 모든 예술분야에는 객관적인 평가가 있을 수 없고 컴퓨터로 계산해 정답을 가릴 수도 없다. 그래서 설왕설래할 수 있는 여지가 있고, 시대에 따라 사람에 따라 평가와 가치가 변하기도 하니 어찌 보면 예술은 '제 눈에 안경'인 셈이다.

말과 행동은 표현하고 나면 바로 허공으로 사라진다. 허공으로 사라지기 전에 붙잡아 둘 수 있는 수단이 예술이다. 예술은 '남기는 것'이 아닌 '남는 것'이기에 남기려는 행위 자체에는 예술적 가치가 없다. 사연이 있고, 고뇌의 과정과 노력이 담긴 진솔하고 자연스러운 표현이라야 예술로 오래 남는다.

'A' 음 같은 사람이 그립다

음악회에 가면 연주하기 전에 '삑삑'거리며 조율을 한다. 미리 조율해 나오면 될 것을 굳이 관중 앞에서 저렇게 시끄럽게 해야 하나? 혹시 관중에 대한 예의가 부족한 것 아닌가 하는 의문이 든다.

문제는 현악기에 있다. 줄이 달린 현악기는 공연장 온도와 습도에 따라 장력에 변화가 생기며 음이 미세하게 달라진다. 최적의 음을 맞추기 위해 어쩔 수 없이 연주 직전에 조율하는 것이다.

인간이 듣기에 가장 편한 진동수는 440Hz의 'A(라)'음이다. 440Hz의 진동은 세상에 갓 태어난 아기의 첫 울음 진동수와 비슷하다고 한다.

클래식기타 독주하는 필자

클래식 기타는 'A'음을 기준으로 조율하는데, 5번 줄을 개방현(지판을 누르지 않음) 상태에서 튕기면 'A'음이다. 5번 줄을 '퉁—' 하고 튕겼을 때 울리는 진동이 악기의 뒤판을 통해 가슴으로 전달될 때 편안함을 느낀다. 부드럽고 낮은 'A'음의 은은한 공명이 온몸을 타고 전해진다.

남에게 공명을 불러일으키고 마음을 편하게 해 주는 사람이 있다면 그가 바로 'A'음 같은 사람이다. 악기의 울림통처럼 마음을 증폭시켜 전달할 수만 있다면 받는 이도 가슴 가득 받아들일 것이다. 'A'음의 진동이 느껴지는 사람이 그립다.

눈을 통하는 예술, 그림 세계

물체를 인지하는 방법에는 '눈으로 보는 방법', '사진으로 보는 방법', '그림으로 보는 방법' 등이 있다.

눈을 통해 보는 방법은 시신경을 통해 뇌에서 인식하는 가장 단순한 방법으로 있는 그대로, 사실 그대로를 변형 없이 인지하는 것이다.

사진으로 보는 방법은 렌즈를 통한 영상을 필름에 담아 인화 과정을 거쳐 나타난 모습을 보는 것이다. 찍는 과정에서 셔터 속도, 조리개 조절, 필터 사용 등 얼마든지 조작할 수 있어 실제 눈으로 보는 것과는 다를 수 있다.

그림으로 보는 방법은 단순해 보이지만, 그림이 완성되기까지의 과정을 들여다보면 복잡하다. 그림을 그리려면 우선 보이는 실상을 시신경을 통해 뇌에서 인식한 후에 여러 복잡한 과정이 이어진다. 2차원 평면을 공간이 포함된 3차원으로 해석하고, 눈에 보이지도 않는 것도 분석에 들어간다. 어떤 땐 시간개념이 도입된 4차원뿐 아니라 상상력을 더해 새롭게 해석한다. 같은 대상을 놓고도 사물의 해석, 명암의 대비, 원근의 조화, 초점의 대상 등 모두가 작가의 주관에 따라 다르게 표현한다.

그림은 사연을 품고 있기도 한다. 시대적 배경, 개인적 고뇌, 사랑의 감정 등을 그림 속에 스며들게 한다. 어떤 작가는 퍼즐게임을 즐기듯 밑그림 속에 작가의 의도를 감춰 놓고는 '찾을 테면 찾아봐!' 하는 식이다. 그래서 그림 감상은 어려우면서도 재미있다. 언뜻 눈에 보이는 피상적인 형태만 본다면 아무 감흥도 못 느끼고 곧 지루해지나, 작가의 숨은 뜻, 즉 그림의 사연을 알고 나면 감상의 재미가 배가된다.

비평가들의 해설과 평론은 사실 무의미하다. 작가가 그림에 대해 직접 배경과 사연을 설명해야 의미가 있다. 숨은 사연과 함께 그림을 감상하다 보면, 작가의 마음속으로 빨려 들어가며, 내가 그 그림을 그렸다는 착각에 공감과 희열을 느낀다.

음악이 귀를 통하는 예술세계라면, 그림은 눈을 통하는 예술세계다.

나만의 갤러리

혼자만의 공간이 필요하다.
세상에 태어나면 엄마의 품에 안겨 세상을 처음 맞는다.
커가면서 서서히 자신의 세계를 가꾸어 간다.

젊음은 공유와 발산의 시기다.
한창때가 지나 소외감을 느낄 때쯤이면 누군가의 품에 안기고 싶다.
그러나 그때는 이미 나를 감싸 줄 품은 다 떠났다.
결국, 나는 내 품 안에 안주할 수밖에 없다.
그러기에 나만의 공간이 필요하다.
그 공간이 바로 나만의 '갤러리'다.

'갤러리'에는 전시하고 감상할 것이 있어야 한다.
어떤 그림으로 나만의 '갤러리'를 꾸며 볼까?
가슴속에 잠겨있는 그림을 찾아 먼지를 털고
밝은 햇살이 비치는 벽에 걸어 볼까?

인생에는 사랑스럽고 아름다운 그림, 슬프고 애잔한 그림,
즐겁고 환희에 찬 그림, 희망과 미래가 담긴 그림이 많다.
너무 애지중지해서 밖에 내걸고 싶지 않은 그림도 있다.

혼자 있을 때만 살짝 보고 다시 깊숙이 감춰 두고 싶은 그림이 있다.

나만의 '갤러리'에 내걸 수 있는 그림이 많을수록 풍부한 삶이다.
마음속 깊숙한 곳에 숨어있는 그림들을
언젠가 나만의 '갤러리'에 근사하게 전시하고 싶다.

비움과 채움의 의미

마음의 '비움과 채움'. '빈 마음'은 어떤 의미이고 '빈 마음'은 무엇으로 채워져 있을까? 무엇이든 받아들일 수 있는 '감성의 블랙홀'이지 않을까?

캔버스 위의 '비움과 채움'.
그리고 화선지 위의 '흑과 백'.

단순히 잊는다는 것은 비움이 아니다. 마음속을 비운다는 것은 인지하고 있는 생각을 기억에서 빼내 휴지통으로 보내고, 유용하게 쓸 수 있는 공간을 넓히는 작업이다. 쓸데없는 생각과 앙금을 깨끗이 쓸어버리고 싶지만, 절대 잊히지 않는 것들이 있다. 컴퓨터 휴지통을 아무지 지워도 어딘가에 흔적이 남아 있는 것과 같은 현상이다.

머릿속을 말끔히 지우는 방법은 뇌를 새것으로 교체해야 하는 것인데 현대 의학으론 불가능하니 그저 다시 태어나는 수밖에 없다. 세월이 흐르며 머릿속을 채우고 있는 기억들이 서서히 낡아 스스로 지워지기를 기다리는 수밖에 없는 것이다.

비움이 생기면 새로운 것을 채울 수 있는 공간이 생긴다. 새로 생긴 공간에는 아름다운 것들로 가득 채워 못된 기억이 되살아날 여지를 없애야겠다.

나뭇결과 사람결, 그 세월의 흔적

어려서부터 나무를 다루어서인지 목재를 대하면 기분이 좋아진다. 은은한 나무 향이 코끝을 자극하니 나무판을 이리저리 뒤집어 보고 싶은 마음이 동한다. 갓 켠 원목은 톱밥이 켜켜이 들어 있어 나무 향이 짙다. 나무를 그늘에 차곡차곡 쌓아 말리는 과정은 작품의 구상과 결과물을 그려 보는 기대와 희망의 시기다. 치수에 맞춰 제재해 온 판재를 보며, 어떻게 잘라 어디에 쓸까 하는 망설임은 고민이 아닌 즐거움이다. 통나무 원목을 말리면 제대로 쓸 수 있는 나무는 70%에 불과하고 나머지는 뒤틀리거나 갈라져 쓸모가 없다. 그렇지만 이런 자투리 나무를 재활용할 방법을 찾으면서 잔잔한 재미를 느낀다.

대패를 먹여 거친 표면을 한 꺼풀 벗겨 내면 원목의 속살이 드러난다. 뽀얗기도 하고 불그스름하기도 하고 거무스름하기도 하다. 나이테는 더할 나위 없는 내면의 자태를 자유로운 형태로 그려 내고 있다. 가끔 마주하는 동그란 옹이는 젊음의 패기를 곁가지로 뿜어낸 흔적을 보여 준다. 옹이는 젊은이의 반항처럼 대패를 쉽게 받아들이지 않지만, 잘 달래 다듬어 놓으면 아름다운 무늬를 드러낸다.

나뭇결은 나무의 일생을 보여 주는 세월의 흔적이므로 어디에서 자랐고 어떤 환경을 겪었는지 알 수 있다. 메마르고 거친 환경에서 자랐는지, 곱게 자랐는지, 상처를 입은 적이 있었는지 나뭇결

나무 다루는 마음

나뭇결 사람결

작가의 작업 공간

무늬는 말하고 있다. 나무의 성장 이력서인 셈이다. 그 나무를 고용한 사람이 어떻게 다루느냐에 따라 작품이 되기도 하고 불쏘시개가 되기도 한다. 톱, 대패, 끌 같은 수동 공구를 부드럽게 받아들이는 원목의 나뭇결이 매력적이다.

사람에게도 결이 있다. 그 사람의 삶의 배경과 성품이 '사람결'이며, 이는 인간성으로 나타난다. 원목 같은 사람, 순수한 결을 간직하고 있는 사람은 상대를 편하게 해 준다. 겉모습과 달리 내면을 들여다보면 볼수록 새롭게 보이는 매력적인 사람이다. 순수함으로 다른 이를 동화시키는 아름다운 마음결을 가진 사람이 많은 세상을 그려 본다.

비가 촉촉이 내리는 날에는

창문에 부딪히는 빗방울의
'후드득' 소리는 음악이다.
공간에 드리워진 오선지에 걸린
'빗방울 소리'는
아름다우면서 격정적인 선율이다.

나뭇잎에서 또르르 구르는 소리,
흙에 스며드는 소리,
바위 이끼 사이를 흐르는 졸졸졸 소리,
아무리 들어도 지루하지 않은
오묘한 자연의 오케스트라다.
빗방울은 기타의 여섯 현을 타고
아름다운 곡을 연주한다.

화선지에 배어나는 맑은 빗방울은
자연을 그리고 있다.
빗방울이 대지에 촉촉이 스며들며
자연의 색을 풀어
한 폭의 수묵화를 그린다.

나무, 흙, 바위가 물을 머금어 원래의 색보다
농담이 더욱 선명한 색으로 나타난다.
자연의 그림은 천상의 풍경이다.

비가 촉촉이 내리는 날에는 자연이 연주하는
빗방울 오케스트라와 수묵화를 감상할 수 있다.

마음이 있는 곳

마음은 가슴속에 있다. 보고, 듣고, 느끼고, 판단하는 곳은 머리인데 가슴속에 담겨 있다고 말하는 이유는 감정에 제일 민감한 심장이 가슴 한가운데에 있기 때문이다. 뇌에서 느끼는 감정은 심장에 곧바로 영향을 미치므로, 좌절과 슬픔을 느낄 때는 심장이 철렁 내려앉고, 기쁘거나 놀라거나 사랑을 느낄 때는 콩닥콩닥 뛴다. 어떤 땐 얼굴이 화끈거리기도 하고, 백지장처럼 되기도 하고, 힘이 솟기도 하고, 맥이 풀리기도 한다. 심장이 마음의 대변인이기 때문이다.

일상에서 느끼는 마음의 종류에는 여러 가지가 있다. 펄쩍펄쩍 뛸 정도로 '기분 좋은 마음', 내 존재를 감추고 싶은 '숨고 싶은 마음', 남을 시기하고 질투하는 '증오의 마음', 차분하고 안정된 '고요한 마음', '사랑하는 마음'이다.

뭐니 뭐니 해도 가장 아름다운 마음은 가슴에서 우러나오는 사랑이다. 나를 사랑하고, 남을 사랑하고, 세상 모든 것을 사랑하는 마음을 가지면 저절로 행복해진다. 땅 위의 풀 한 포기, 하늘 위를 나는 새 한 마리, 눈에 띄는 만물이 모두 사랑스럽게 보이는 이유는 내 마음이 그렇게 느끼기 때문이다.

마음은 내 가슴속 깊이 자리 잡고 있어 마음에서 움튼 사랑과 행복은 진실을 얘기하고 있는 것이다.

Z 그대는 아름다운 사람

행복 덩어리

짧은 행복을 이으면 긴 행복이 된다.
소소한 행복 하나하나를 실에 꿰어 엮으면
행복 목걸이가 된다.

작은 행복은 지나쳐 버리기 쉽다.
멀리 사라진 작은 행복을 되찾아 모아 놓으면
행복 덩어리가 된다.

행복은 수시로 찾아드나 알아차릴 새 없이 흘러간다.
스쳐 지나는 작은 행복일지라도 음미하고 느끼면
행복 호수가 된다.

오늘도 나는 행복 덩어리에 묻혀 사는 것이다.

서로를 행복하게 하는 '그랭이' 마음

'그랭이 공법'은 한국 전통 건축기법 중의 하나다. 가공하지 않은 울퉁불퉁한 주춧돌 위에 돌기둥이나 나무기둥을 올리는 기술로, 자연석인 주춧돌은 다듬지 않고 그 위에 얹히는 기둥의 밑면을 울퉁불퉁한 주춧돌에 맞도록 다듬어 자연스레 맞물리게 하는 공법이다. 고궁의 석축이나 나무기둥도 이러한 그랭이 공법을 사용해 서로 맞물리도록 했다. 자연을 있는 그대로 활용하며 조화와 균형을 이루게 한 것으로, 자연스러운 결합을 배려한 그랭이 공법으로 지은 건축물은 오래도록 견고하고 높은 내구성을 유지한다.

인간관계에서 서로 상대에게 그랭이 공법처럼 마음을 주고받는다면 얼마나 행복할까? 울퉁불퉁한 감정을 서로 스펀지처럼 흡수해 주는 그랭이 마음은 주는 이도 받는 이도 행복할 것이다. 상대를 기쁘게 해 주면 나도 덩달아 기분이 좋아지기 때문이다. 물질이든 정성이든 남에게 주고 되돌려 받을 생각을 하지 않으면 행복하고, 되돌려 받을 생각을 하면 그 순간부터 마음고생이 시작된다.

그랭이 마음은 남뿐만 아니라 나 자신도 행복하게 한다.

궁극의 안식처, 엄마 품

마음은 언제나 나를 낳아준 엄마에게로 귀착한다. 몸이 괴롭거나 힘들 때, 누군가에 의지하고 싶을 때 엄마가 생각난다. 엄마의 자궁 속 따뜻한 양수 속에 둥둥 떠 있는 안락함으로 돌아가고 싶어서다.

온갖 세파에 시달리고 세상이 혐오스러워 어딘가로 피하고 싶어도 나를 편히 받아 주는 곳은 아무리 찾아봐도 마땅한 곳이 없다. 이곳저곳 헤매다 마지막으로 귀착하는 곳이 블랙홀 같은 엄마의 품속이다. 자식이 아무리 못된 짓을 했어도 그만한 이유가 있을 것이라고 끝까지 옹호해 주는 엄마의 마음은 궁극의 안식처다.

자신감에 차 있던 강인함이 사라지고, 마음이 허약해질 때쯤이면 누군가에 의지하고 위로받고 싶어진다. 그때 찾는 곳이 바로 엄마의 품이다. 엄마는 바라는 것 없이 주려는 마음으로 가득하다.

언제나 나를 생각하고, 보고 싶어 하는 엄마의 마음은 한없는 자식 사랑으로 가득한 '일방통행로'다. 병들고 힘없는 늙은 몸일지라도 생명이 남아 있는 한 자식을 사랑하는 마음으로 가득하다. 배고팠던 시절, 어쩌다 귀한 흰 쌀밥을 하던 깨소금에 참기름을 비

벼 어린 아들에게 먹이면서 자꾸 당신 입으로 들어가려는 숟가락을 잡아 내렸다던 엄마, 치맛자락을 붙들고 졸졸 따라다니며 하루 종일 귀찮게 했던 코흘리개를 지극정성으로 보살펴 주던 엄마, 평생 몸에 붙어 있던 고통과 한을 훌훌 벗어던지고 자유의 영혼이 되셨지만 자식에겐 사랑의 감성을 듬뿍 남겨 놓으셨다.

'사랑의 블랙홀', '사랑의 일방통행로'인 엄마의 마음. 그래서일까? '엄마'라는 단어를 떠올리면 마음이 애잔하고 울컥해지는 것은…….

울보가 되어 버린 나

죽을 때까지 꼭 간직하고 있어야 할 것은 감성(感性, sensitivity)이다. 지각을 통해 받아들이고 그 속에서 감성을 느껴야 비로소 살아 있는 마음이다. 감성이 메마르면 모든 의욕이 사라지고, 이것은 우울증으로 발전한다.

감성을 유지하는 방법은 많이 움직이고, 많은 걸 보고, 많은 사람과 대화하는 활동적인 마음을 갖는 것이다. 감성은 건강한 육체에서 비롯되므로, 신체적 무기력은 의욕을 저하하고 감성을 잠재운다. 건강하고 활동적인 삶을 통해 감성을 느낄 수 있고, 젊음을 유지할 수 있다.

인간은 태어날 때 '첫 울음'으로 자기의 존재를 세상에 알린 후 성장하면서 울음의 용도가 달라진다. 유아기의 눈물은 막무가내 '떼쓰기 전법'이고, 미운 일곱 살의 울음은 갖고 싶은 것을 얻고자 하는 '쟁취 작전'이며, 청년기의 눈물은 성숙과정에 거치는 '낭만 투쟁'이다. 시도 때도 없이 울어 대는 여인의 눈물은 '정체불명의 무기'로 사용되는 것이니 예외로 치자. 중장년 남자의 눈물은 슬픔과 감회가 배어든 '내면의 울부짖음'이다. 감당 안 되는 슬픔과 고통을 겪을 때 또는 벅찬 감동을 느낄 때 남자는 눈물을 쏟는다.

아무래도 나이 들면서 울음을 관장하는 '감성 통제센터'에 문제가 생긴 것 같다. 사소한 일에도 감동해 눈물을 마구 흘리는 나는 어디에 속하는지 모르겠다. 영화나 TV 드라마를 보면서 쓸데없이 눈물이 나고, 예전엔 아무것도 아니었을 사연에도 감동을 받으니 감성적이 된 건지, 마음이 여려진 건지, 어떻든 점점 울보가 되어 가고 있다.

벅찬 감동이 밀려오면 이를 수용할 탱크 용량이 크든지, 아니면 들어오는 양을 통제할 제어밸브가 적절히 작동해야 하는데, 탱크의 용량도 적어지고 제어밸브도 제대로 작동을 안 하니 전혀 감당이 안 되는 것이다. 눈물샘을 조절하는 신경계통에 문제가 생겼거나, 여성호르몬이 증가해 점점 감성적으로 되어 가는 것이 아닌가 싶다.

이젠 넘치는 감정을 제어하기보다는 넘쳐흐르게 놔둬야 할까 보다. 울보가 된 나를 잃었던 감성을 되찾아가는 '낭만 객'이라 여기고, 그런 나를 사랑하련다.

영원한 사랑, 그 의미는?

영원(永遠)이란 '다함이 없이 오래도록' 또는 '길고 오랜 영구한 세월'을 뜻한다. 영(永)자는 '물줄기처럼 길다'라는 뜻을 가진 상형문자이고, 원(遠)자는 '보이지 않고 멀다'라는 뜻이다. 실제 인간사에 영원이란 존재할 수 없기에 영원을 논할 자격조차 없다. 주위에 있는 만물도 생겼다 사라지기를 반복하니 영원히 존재하는 물체도 있을 수 없다. 어떤 것은 순식간에, 어떤 것은 몇 시간, 며칠, 몇 년, 기껏해야 수십 년 지속할 뿐, 모두 잠시 머물다 사라지는 것이다.

영혼(靈魂)의 세계가 있다면, 그곳에 사는 혼(魂)에 수명이 정해져 있을지 궁금하다. 예술, 문명, 모두가 우주의 나이로 보면 찰나의 순간만 존재하고 있을 뿐인데 영혼은 영원할까.

오래도록 서로 위로해 주고, 죽을 때까지 사랑하는 대상을 '영원한 사랑'이라고 하지만, 짧은 시간 존재하는 인간의 잣대로 추정한 것이기에 어찌 보면 무의미하다고 할 수 있다.

〈사랑을 위하여〉라는 영화가 있다. 백혈병에 걸린 청년을 병간호하던 여인이 고통을 같이 나누다 사랑이 싹튼다는 내용이다. 애증이 오가지만 마지막까지 사랑을 포기하지 않는다는 다소 식상할 수 있는 소재다. 그런데 새삼스럽게 '누구를 위하여'라는 문구가 마음에 다가왔다. '누구를 위한다.'는 것, 상대를 위해 내 마음을 내주고, 아무것도 바라지 않는 것처럼 아름다운 마음은 없다. 남남인 사이에 마음과 정성을 아낌없이 퍼주는 순애보 같은 사랑이란 존재하기 어렵다.

자신만을 위해 사는 이기적인 삶이 보편화된 현 사회에서 누구를 위하여 순수한 시혜(施惠)의 마음은 갖는다는 것은 어렵다. 순수한 마음으로 누구를 위하여 어떤 행동을 하고 마음을 쓴다면 보답이 없어도 뿌듯하다. 결국엔 남을 위한 행동이 나에게 만족과 행복을 가져다주기 때문이다.

영원이라는 단어는 인간의 시간 개념으로 만들어졌기에 인연과 사랑이 아무리 깊고 길다 해도 '영원한 사랑'이란 단어는 잠시 인용할 뿐이다.

첫눈의 설렘

설렘이 인다.
첫눈을 바라보면 아름다운 추억이 어른거린다.

첫눈 내리는 날은 누군가를 기다려야만 할 것 같다.
첫눈은 나를 추억 속으로 끌어들인다.

눈 속에 감춰진 아름다운 추억을 더듬어 본다.
버스정류장에 눈 맞으며 서 있는
여학생의 모습이 아름답다.
첫눈 오는 날 덕수궁 돌담에서
만나기로 한 여인을 기다린다.
눈 오는 밤 버스 뒷자리에 앉아 외투 주머니 속에
마주 잡은 따뜻한 손을 통해 사랑을 나누고
창밖 겨울 풍경에 빠져 종점까지 갔다 온다.

세상이 온통 하얀 천으로 가려지며
대지와 나무는 솜사탕을 뒤집어쓰고
온 세상은 하얀 미소를 짓고 있다.

첫눈의 하얀 세상은 마음 설레는 추억으로 가득하다.
시간도 첫눈에 묻혀 흐름을 멈추었다.

누군가에게 소중한 사람이란?

<당신은 소중한 사람>. 노르웨이 출신 바이올리니스트 '수사네 룬뎅'의 아름다운 선율을 듣고 있으면 가슴을 파고드는 애잔한 감동이 인다. 곡의 제목과 선율이 절묘한 조화를 이룬다.

'소중한 사람'은 생각만 해도 기분 좋은 미소가 떠오르고, 만나면 편안하고, 헤어지면 또 보고 싶어지는 사람이다. 그 사람을 위해 나의 모든 것을 주어도 아깝지 않고, 항상 머릿속 한 부분에 아름다운 잔상으로 머물러 있는 사람이다.

청년기에는 사랑하는 연인이, 결혼 후에는 가족이, 사회에서는 절친한 친구가 바로 소중한 사람이다. 그러나 요즘 사회에서 '소중한 사람'을 찾기가 하늘의 별 따기만큼이나 어렵고, 시간이 지날수록 그나마 소중한 사람이라고 생각했던 사람마저도 잃는 경우가 있다.

나에게 소중한 사람은 누구일까? 그 사람이 없다고 생각할 때, 허무함과 가슴이 저미는 아픔이 찾아온다면, 그 사람이 바로 소중한 사람이다.

보통은 누구의 사망 소식을 들으면 안됐다는 정도의 제삼자로서의 아쉬움만 있을 뿐 마음속으로 슬픔이 느껴지는 것은 아니다. 마음 깊이 아픔을 느끼는 경우는 그 사람이 내 곁에 있을 때 나에게 너무나 많은 것을 주었고, 그 사람의 빈자리가 클 때다. 가식이 아닌 진실한 마음으로 정을 나눈 사람이기에 상처가 크게 남는다. 아쉬움을 느끼는 것은 그 사람과 같이하길 바라는 마음이 아직 남아 있는 것이고, 아픔을 느끼는 것은 마음속에 새겨진 정이 깊게 남아 있기 때문이다. 같이 지낸 과정에 담겨 있는 정의 크기에 따라 소중한 사람인지 아닌지가 구별된다.

만나면 즐겁고, 헤어지면 머릿속을 가득 채우는 이가 있다면 그가 바로 소중한 사람이다. 그러므로 소중한 사람과는 평소에 자주 만나 정을 더 돈독히 하고 서로의 행복을 공유하길 바란다.

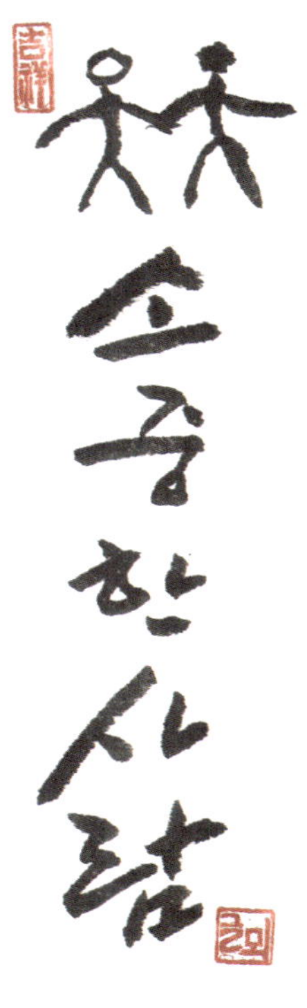

원활한 인간관계를 위한 핵심어, 삼투압

삼투압은 용매가 반투막(半透膜, 용매는 통과하지만, 용질은 통과하지 못하는 막)을 통해 확산할 때 발생하는 압력이다.

격정적인 사랑에 빠졌을 때 한쪽 압력이 너무 커 일시에 퍼주는 경우가 많다. 짝사랑이나 실연으로 말미암은 상사병도 일방통행식 사랑의 후유증이다. 마음이 허전할 때 누군가 나에게 다가온다면 그 사람에게 풍덩 빠지고 만다. 앞뒤 가릴 경황없이 마구 받아들이다 보니 급체할 가능성이 있고, 자칫 잘못하면 받은 걸 모두 토해 내야 하는 고통도 따른다.

가깝다고 또는 호감이 간다고 일시에 내 속마음을 다 퍼주고 나면 마음이 텅 비어 허탈과 후회가 남는다. 시간이 지날수록 상대방의 단점이 보이기 시작하고, 결국엔 가슴 아픈 이별을 맞기도 한다. 사람과 사람 사이의 정분도 과하면 화를 부르고 부족하면 멀어지므로 적당히 주고받아야 원활한 관계가 유지된다.

사랑을 삼투압을 통해 전달한다고 생각해 보자. 사랑의 감정은 반투막을 통해 평형상태를 이룰 때까지 서서히 전달될 것이다. 삼투압을 통해 보낸 사랑은 반투막의 특성상 되돌려 받을 수 없다.

반투막은 일방통행이며 평형상태에 도달하면 더 전달되지도, 되돌아오지도 않는다.

'인간관계를 원활히 하는 방법' 제1장에는 삼투압을 핵심 단어로 다루면 좋지 않을까? 서서히 평형상태를 이루는 삼투압 원리대로 마음을 주고받는 방식이 삶에 도움을 줄 것이다.

집 나간 토끼

어느 아파트 공터에서 키우던 토끼 한 마리가 울타리를 탈출했는데, 얼마 후 지하실에서 새끼 4마리가 발견되었다. 그 새끼가 버려진 줄 알고 아파트 2층에 사는 주민이 집에 데려다 우유로 키웠다. 그런데 집 나간 토끼가 매일 아침 현관에서 기다리고 있다가 문을 열어 주면 젖을 먹이고는 휑하니 나간단다. 사람이 옆에 있건 말건 개의치 않고 새끼에게만 집중하고 젖 먹이는 시간을 정해 놓고 출퇴근하는 것이다. 비가 와도 아침 7시 반이면 어김없이 찾아와 젖을 먹이고는 또 자유를 찾아 밖으로 나간다. 보통 토끼는 새끼를 낳으면 1달간 젖을 먹이고는 이별한다는데, 이 토끼는 2달 넘게 이런 일상을 반복하고 있으니 동물전문가도 이해가 안 가는 경우란다. 새끼를 품에서 키우지 못한 죄책감 때문에 그토록 오랫동안 젖을 먹이는 것인지도 모른다는 해석이다.

언젠가 등산로 입구에서 염소 떼를 만났다. 십여 마리의 무리 중에 제일 어린 새끼 한 마리가 낙오했다. 사람이 뒤따라오니 다른 염소들은 멀리 달아나는데, 뒤떨어진 새끼의 어미는 조금 가다 멈춰서 돌아보고 또 돌아보며 애타게 불러 댄다. 그 모성애가 너무 애처로워 발걸음을 멈출 수밖에 없었다.

이른 아침 산행길에 태어난 지 얼마 안 돼 잘 걷지도 못하는 새끼 고라니 한 마리가 길가에 나와 있겄다. 야생 고라니를 처음 본 터라 신기해 가까이 다가가니, 멀리서 어미 고라니가 고개를 바짝 들고 경계의 눈초리를 보낸다. 두려움과 당황스러운 눈빛이 역력하지만 달려들지는 못하고 멀리서 애간장만 태우고 있는 모습이 안쓰러워 새끼 고라니를 어미 쪽으로 돌려놓고 서둘러 자리를 떴다. 그동안 어미 고라니가 얼마나 초조했을지 생각하면 미안한 마음이 든다.

제 새끼를 보호하려는 본능은 사람이나 동물이나 똑같다. 동물의 세계에서는 인간사회보다 감동적인 이야기가 훨씬 많다. 자유를 찾아 떠났음에도 새끼에게 젖을 주려 매일같이 출퇴근하는 토끼, 새끼와 떨어진 염소와 고라니의 애처로운 모성애, 모두 본능을 따르고 있다.

최근 설문 조사에서 부모를 가족으로 여기지 않는다는 젊은이가 20%나 된다니 믿기지 않는다. 부모를 살해하는 패륜이 벌어지고 있는 인간사회와 달리 동물의 세계에서는 본능적 감성이 원형대로 보존되고 있음을 본다.

생각나는 사람

생각나는 사람에겐 많은 것을 해 주고 싶고
그가 원하는 걸 아낌없이 주고 싶다.

지금 내가 생각하는 사람도
아마 나를 생각하고 있을 것이다.

생각나는 사람이 그리워
마음은 솜같이 포근하고
다정함으로 가득 찬다.

생각나는 사람은 내 곁에서
언제나 나를 바라보며
무언의 눈길을 보내고 있다.

생각나는 사람이 있어 행복하고
그 사람을 생각하면 즐겁다.

나 또한 그에게
생각나는 사람이 되고 싶다.

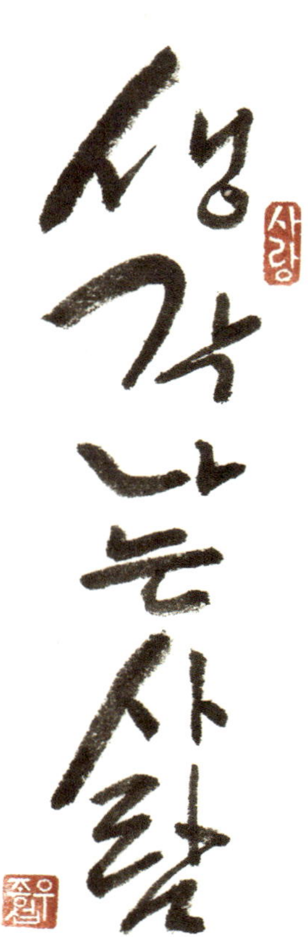

행복을 결정짓는 중요한 요소

한국인의 행복지수와 정서균형은 다른 나라에 비해 매우 낮은 편이라고 한다. 우리 사회가 행복의 기준을 돈이 많고 적음으로 평가하려는 물질주의적 사고가 팽배한 때문이다. 남성에 비해 여성의 행복지수가 높은 편이며, 40대 남성의 행복지수가 제일 낮다고 한다.

행복을 결정짓는 중요 요소는 돈 · 명예 · 지위가 아니라, 인간관계와 가정이다. 물질보다는 정서적 요소가 행복을 좌우한다는 얘기이며, 긍정적인 정서가 그 어떤 행복보다 마음을 풍성하게 만든다는 것이다.

상대는 변하지 않고 그대로 있으므로 내가 어떻게 평가하고 마음먹느냐에 따라 상대가 좋아지기도 하고 싫어지기도 한다. 똑같은 사물을 대할 때도 마음먹기에 따라 이랬다저랬다 한다. 인간의 마음은 간사해서 단짝이던 친구가 하루아침에 원수지간이 되기도 하고, 그토록 사랑하던 연인이 갑자기 꼴도 보기 싫어지기도 한다.

결국, 행복은 마음에서 우러나오는 것이다. 세상엔 나보다 불행한 사람이 무척이나 많은데, 단지 우리가 지금의 행복을 깨닫지 못하고 있을 뿐이다. 삶에서 행복을 느끼는 시간은 그리 많지 않다. 몸과 마음이 행복한 시간이 나에게 주어진다면 이를 주저 말고 즐겨야 한다.

아름다움을 발견하다

아무리 아름다운 것도 드러나지 않으면 '그저 그런 것', '하찮은 것'이 되고 만다. 항상 다니는 산길에서 새삼 아름다움을 느낄 때가 있다. 문득 '왜 이런 아름다움을 여태 몰랐을까?' 하는 생각에 의아하다. 아무리 꾸며도 남이 발견해 주지 않으면 아무런 의미가 없다. '제 눈에 안경'이란 말은 누군가 알아주는 사람이 나타났다는 것을 뜻한다.

'여인은 다 아름답다'는 표현은 카사노바만이 할 수 있는 건 아니다. 길거리에 보이는 모든 여인은 외출하기 전 나름대로 온 정성을 쏟아 꾸미고 나오기 때문에 아름다워 보인다. 정성 들여 치장한 모습, 아름다워지고자 한 노력을 발견하면 예쁘게 보지 않을 수 없다.

세상은 들여다보면 볼수록 아름답고, 뜻밖의 아름다움을 발견하면 행복을 느낀다. 아름다움을 찾고자 하는 마음을 갖는 순간부터 행복이 시작되고, '아름답다'라고 말하는 순간 이미 행복 속에 빠진 것이다.

행복에 이르는 길, 무한히 주는 사랑

아기를 안고 젖을 먹이고 있는 아기 엄마의 모습은 행복해 보인다.
이 세상에서 볼 수 있는 가장 아름답고 행복한 모습이다.
영장류만이 새끼를 가슴에 안고 눈을 마주치며 젖을 물린다.
마음의 눈으로 사랑을 교감하는 것이다.

품에 안은 아기에게 무엇을 바란다면
그렇게 행복한 모습을 지을 수 있겠는가?
아무것도 바라는 것 없이 주기만 해도 행복한 것이다.

행복은 내가 가진 것을 누군가에게 주면 저절로 찾아온다.
내 얼굴에서 행복한 모습을 찾고 싶다면
남에게 사랑을 무한히 주면 된다.

사랑의 유효기간을 무한대로 늘리는 처방

사랑에 빠지면 마약과 같은 '엔도르핀'이 생성되며, 이로 말미암아 온몸에 기가 충만하고 행복을 느낀다. 그런데 이 사랑의 호르몬인 엔도르핀은 유효기간이 30개월뿐이라고 한다. 시간이 흐르면서 뇌에도 엔도르핀에 내성이 생겨 사랑이 시들해진다고 한다. 30개월이면 2년 반, 그렇게 열정적이고 애틋하던 사랑의 감정도 결국 30개월의 시한부 효력밖에 없다는 얘기다. 신혼의 첫 권태기가 대략 3년쯤에 찾아온다는 통계와 비슷하다.

그렇다면 30년, 40년 사는 부부는 무엇으로 사는가. 엔도르핀 유효기간은 이미 신혼 초에 다 바닥났는데 무엇이 사랑을 유지해줄까? 애증(愛憎)의 복합체인 '정(情)'이 엔도르핀을 대신한다. 이것은 호르몬도 아니고, 마약도 아니고, 마음속 어딘가 깊은 곳에 있는데 그 형체는 알 수 없다.

사랑의 유효기간을 늘리는 방법은 무엇일까? 엔도르핀의 약효가 유지된다는 30개월마다 깜짝 변신을 해야 하나? 가끔 닭살 이벤트를 준비하는 사람도 있는데 지나고 나면 별거 아닌 객기에 불과하고, 결국은 평범한 생활 속에서 차곡차곡 쌓이는 '정'밖에 없는 듯하다. 엔도르핀을 대신한 끈끈한 정이 사랑을 유지하는 처방이며 일상과 함께한다면 유효기간은 무한대다.

'사랑'과 '정'은 다르다.
'사랑'은 뜨겁고 '정'은 미지근하다.
'사랑'은 화려하고 '정'은 무미건조하다.
'사랑'은 짧고 '정'은 오래간다.

세월이 지나며 '사랑'에 '정'이 더한다.
있다가 없으면 허전하고
같이 있어 마음 편하면 '정'이다.
사랑을 품은 정이 '참정'이다.

'참정'의 따스함은 쉽게 식지 않고
'참정'의 색은 오래도록 변치 않는다.
'참정'은 행복이 솟게 하는 묘약이다.

어느 행복 전도사의 자살

행복 전도사로 TV에 자주 등장하던 어느 방송인의 자살에 많은 사람이 안타까움과 함께 의문을 가졌다. 남에게는 "행복하게 사세요." 하던 사람이 정작 본인은 가장 불행하게 생을 마감했기 때문이다. 행복 전도사에게도 숨겨진 고통, 지병으로 말미암은 두려움을 이겨 내기 어려웠던 모양이다. 신바람 전도사인 모 대학 교수도 자살은 아니지만, 과로 탓에 급성 패혈증으로 사망했다. 대중에겐 신바람을 전도했으나 정작 본인은 면역력 저하로 불행한 결과를 맞이한 것이다.

철학자, 예술가, 연예인, 사업가도 자살하는 경우가 많다. 자기 목숨을 끊는 자살행위는 사회적 비난과 함께 가족에겐 무한한 슬픔을 남긴다. 본인만 고통에서 벗어나 자유로워지고 싶다는 처신에 도덕적 비난을 받기도 한다. 호스피스 병동에서는 하루라도 더 목숨을 이어 가기 위한 사투가 계속되고 있는데, 오죽했으면 자기 목숨을 끊었을까를 생각하면 참으로 안타까운 마음이 든다.

누구나 슬픔, 고통, 좌절과 같이 인성사에서 피할 수 없는 난관에 직면하며 살고 있다. 무의미하다고 생각하는 삶일지언정 하느님이 부여한 목숨이고, 태어날 때 자기 의지로 태어난 것이 아니기에 죽음도 자기가 임의로 선택할 수 없다. 그러나 고통과 공포

앞에선 인간은 너무나도 초라한 미물에 불과하고, 두려움이 엄습하면 헤어나기 어렵고, 어쩔 수 없이 어둠 속으로 빨려들어 간다.

해결책은 밖으로 나와 찾아야 한다. 행복 전도사는 바로 '나' 자신이기에 어둠의 터널에서 헤매지 말고 터널 밖으로 나와 신선한 공기로 재충전해야 한다. 나를 어둠에서 끌어낼 수 있는 건 오로지 내 의지밖에 없다.

내가 더 고마워

'고맙다'는 말은 일상 대화에서 흔히 쓰인다. 그러나 인사치레가 아닌 마음에서 우러나 진심으로 '내가 더 고맙다.'라는 말을 쓰는 경우는 그리 흔치 않다. 상대가 나에게 특별히 감동을 줬을 때만 가능한 표현이다.

상대편에서 "고맙다."라고 말할 때, 돋들 바를 몰라 "무슨 소리? 내가 더 고맙지."라고 하는 경우가 정말 고마운 것이다.

"내가 더 고마워!"라는 표현을 쓰고 싶으면 그 이상의 고마움을 상대방에게 주어야 한다. 상대로부터 고마움이 되돌아왔을 때 느끼는 감동은 내가 준 것의 몇 배다.

"내가 더 고마워!"라는 표현은 '당신이 고맙게 생각하는 것보다, 내가 느끼는 고마움이 훨씬 더 크다'는 의미다.

내가 더 고마워

"내가 더 고마워!", 참 자주 쓰고 싶은 표현이다. 이 말을 할 때면 행복한 미소가 입가에 어린다.

거울 뒤 진짜 내 모습

경이로운 몸의 세계

사람의 몸은 물이 62%이고 나머지는 단백질, 지방, 기타 원소들로 구성되어 있다. 신기한 것은 흙 속의 원소로 이루어진 인간의 몸은 100조 개의 세포와 천억 개가 넘는 뇌세포가 조화를 부리는 경이로움이다. 사고력, 면역력, 운동능력처럼 단순한 요소만으로는 이해할 수 없는 신비한 기운이 몸 안에 존재한다.

▶ 인체에는 외란에 대처하는 자체 방어체계와 치료를 담당하는 주치의가 같이 존재한다. 좀 무리했다 싶으면 몸살이 나고, 과식하거나 상한 것을 먹으면 토하든지 배설하게 한다. 몸만 건강하다고 해서 병이 없는 것이 아니고, 정신적 요소가 큰 작용을 한다. 신경을 조금만 써도 소화가 안 되고, 기분 나쁜 사람과 마주 앉으면 술맛도 안 난다.

몸에 면역력이 떨어지면 주변에서 기웃거리던 온갖 세균들이 기세등등해진다. 암이 생기고 여러 병마가 달려들어 허약해진 몸을 공격하고 이에 따라 마음도 피폐해진다. 그러나 신기하게도 정신적 활기가 병마에 찌든 몸을 기적처럼 회복시키기도 한다. 불치병에 걸린 사람이 자연을 찾아 정신적 안정과 함께 면역력을 키우면서 몸속에 있는 주치의에게 치료를 맡겨 쾌유하는 경우가 많다. 자연 속에서 몸이 스스로 병을 이겨내는 기적을 만드는 것이다.

내 몸 안에는 전투병과 주치의가 공존하므로, 이들을 필요할 때

적재적소에 불러내 제 역할을 하도록 해야 한다. 정신과 육체는 공생 관계이므로, 마음이 약해지면 몸에 병이 들고 몸이 약해지면 정신에 병이 든다는 사실을 역이용해서 서로 경쟁시키면, 신체를 튼튼히 유지할 수 있을 것이다.

▶ 사람이 재채기하는 모습을 보면 각양각색이다. 요란스럽게 '에취!' 하는 사람이 있는가 하면, 입을 막고 '큥!' 하거니 '픽!' 하는 사람도 있다. 각양각색인 재채기하는 모습과 소리를 모아 놓으면 정말 재미있을 것 같다.

재채기할 때의 공통된 자세는 우선 숨을 몰아쉬고는 눈을 감고 단숨에 내뿜는다. 목이나 코로 들어온 이물질을 단 한 번에 밖으로 빼내려는 신체 반응이다. 재채기할 때 눈을 감는 이유는 눈알이 튀어 나가지 못하기 위함이다. 그렇듯 혼신을 힘을 다해 내지르는 재채기의 속도가 시속 320km에 달한다니 내 몸속에서 어떻게 이런 폭발적인 에너지가 나오는지 놀랍다. 평상시에 내뿜는 숨의 속도는 20km/h에 불과하니, 재채기할 때의 속도는 평상시의 16배에 달한다. 재채기할 땐 횡격막뿐 아니라 복부 주위의 모든 근육이 일시에 합세해 몸부림을 치다 보니 가끔 담에 걸리기도 한다.

재채기하는 순간은 온갖 잡념이 사라진다. 남이 볼 땐 웃길지 몰라도 내 몸은 이물질을 내보내기 위해 정신도 내팽개치고 '올인' 하고 있다.

재채기할 때의 마음가짐으로 세상사에 힘을 쏟는다면, 이 세상에 이루지 못할 것이 없을 것이다. 뭔가 성취하고 싶은 일이 있다면 재채기할 때의 마음가짐으로 임하면 무조건 성공이다.

▶ 털은 결벽증이 있는 사람에겐 혐오의 대상이지만, 대머리인 사람에겐 귀중한 존재다. 얼마 전 겨드랑이에 뾰두라지가 나서 약을 바르기 위해 털을 깎았다. 그런데 전혀 예상치 못했던 습진이 생기며 팔을 움직일 때마다 쓰라리고 아픈 부작용이 나타났다. 털이 공기 순환뿐 아니라 적당한 완충 역할도 하는 아주 중요한 존재임을 실감했다.

언젠가 TV 방송에서 온몸에 털이 없는 사람의 일상이 소개된 적이 있다. 그 청년은 심한 탈모증 때문에 20대 초반에 털이 전혀 없는 몸이 됐다. 그 사람의 일상생활 속에서 탈모로 인해 고통받는 현실을 보고 놀랐다. 일반 사람은 얼굴에 땀이 나면 솜털 사이에 고여 있어 수건으로 쓱 닦으면 되나, 그 청년은 눈썹뿐 아니라 속눈썹, 솜털도 없다 보니, 땀이 눈 속으로 바로 흘러들어 어찌할 바를 모른다. 어디 부딪히거나 스치기라도 하면 피부에 상처가 나서 한여름에도 털모자를 쓰고 긴 옷을 입고 일을 해야 한다. 먼지를 걸러 내는 코털도 없어 항상 마스크를 써야 한다. 털은 이렇듯 공기 순환, 먼지 거름, 피부 보호와 같은 중요한 역할을 하고 있기에 인체에서 없어선 안 될 귀중한 존재이다.

매일 빠지는 머리칼을 보며 대머리를 걱정하기보다는 일상생활의 부작용을 더 걱정하게 된다.

▶ 과학자들이 2001년 인간의 유전정보인 DNA를 해독할 수 있는 '게놈' 지도를 완성했다고 발표했다. 이때만 해도 곧 불치병과 유전적 질병이 극복될 것처럼 난리를 피웠다. 인간의 유전자가 총 2만5천 개라는데, 아직 절반 정도는 무슨 역할을 하는지 모른다고 한다. 인간이 신의 영역에 도전하고 있지만 아직 요원하다. 옛날에는 약하고 병들면 도태됐고, 이를 세상의 이치이며 운명이라 여겼다.

'게놈'이니 '줄기세포'니 하는 것들로 조물주의 영역을 침범하면 틀림없이 부작용이 따른다. 그 부작용을 극복하기 위해서 또 다른 조치가 나올 테고, '뫼비우스 띠'처럼 악순환이 반복될 것이다.

인간은 신의 영역을 넘보지 말고, 인간의 감성으로 다룰 수 있는 분야만을 다루는 것이 좋겠다는 생각이 든다.

얼굴 곳곳에 담긴 조물주의 배려

"나 젊어 보여?" 이 말을 하고 있다면 이미 늙은 것이다. 남이 인사치레로 "나이보다 젊어 보이십니다." 하는 말을 듣고 기분이 좋아진다면 젊음과는 멀어지고 있음을 알아차려야 한다.

'내 얼굴이 왜 이렇게 변했지?' 문득 거울에 비친 내 모습이 낯설게 느껴진다. 얼굴은 탄력을 잃어 처졌고, 눈꺼풀은 내려앉고, 입가엔 팔자 주름이 자리 잡았다. 귓가의 피부도 내 천(川)자를 그리며 볼살을 힘겹게 붙들고 있다. 그동안 이것저것 많이 먹었고, 말도 많이 했고, 볼 것 안 볼 것 많이 보면서 얼굴을 혹사한 결과가 아닌가 한다.

눈이 잘 안 보이는 것은 '이젠 작은 것은 무시하고 큰 것만 보고 살라'는 의미고, 잘 안 들리는 것은 '웬만한 소리는 못 들은 척 처신하라'는 뜻이고, 볼살이 처지는 이유는 '중력에 거역하지 말고, 몸을 낮추고 겸손하게 살라'는 암시다.

긍정적으로 생각해 보면, 얼굴 곳곳에 조물주의 심오한 배려가 엿보인다.

첫째, 코에는 주름살이 안 생긴다는 것이다. 조물주가 인간을 만들 때 최소한 숨은 자동으로 쉬게끔 노화에서 제외했기 때문이다. 내 맘대로 움직일 수 없는 부위이기에 그런대로 원형을 유지하며 생명을 이어 가고 있다.

둘째, 방열판 역할을 하는 주름살을 부여했다. 나이 든 사람을 위해 조물주가 특별히 만들어 주신 절묘한 장치다. 주름은 같은 넓이에서 표면적을 넓혀 주므로 방열 효과가 뛰어나다. '주름살 방열판'은 용량이 작은 기기(젊은이)에는 필요치 않지만, 덩치가 커지면(늙은이) 필수장치가 된다. 나이 든 사람은 고집이 머릿속을 꽉 채우고 있어 뇌 혈류가 시원치 않고 혈압이 올라가 급기야는 뇌출혈로 쓰러질 수 있다. 이를 감안해 조물주가 생명 유지 장치로 '주름살 방열판'을 선물한 것이다.

아쉬운 점은 귀에 덮개가 없다는 점이다. 안 들어도 좋은 소리, 시끄러운 소리를 어쩔 수 없이 들어야 할 때는 정말 괴롭다. 보기 싫은 것은 걸러 내는 '속 눈꺼풀'이 하나 더 있으면 좋겠다는 생각도 든다.

그래도 세상엔 아름답고, 사랑스럽고, 신비로운 장면이 많고 좋은 소리도 많다. 언젠가는 내가 원치 않아도 영원히 눈 · 코 · 귀를 닫을 때가 오겠지만, 그때까진 의식적이든 무의식적이든 많은 것을 보고 듣고 느끼면서 살고 싶다.

주름진 얼굴도 '인생 계급장'이라고 여기면 마음이 편하지 않을까? 환갑이 지나면 별 하나인 '준장', 칠순은 '소장', 팔순은 '중장', 90세가 넘으면 인생 최고의 계급장인 '대장'을 다는 것이다. 조물주의 뜻에 따라 자연 섭리에 순응하며 사는 것이 인간의 도리로 생각한다.

머릿속의 '정신 심지'

같은 일인데 다시 하면 왜 똑같이 안 될까? 학술지 논문에서도 실험의 재현성 여부를 아주 중요하게 평가한다. 재현성이 없으면 정당한 실험으로 인정하지 않는다. 그만큼 시간과 공간을 뛰어넘는 완벽한 재현성을 유지하기가 매우 어렵다는 얘기다.

나이 들수록 재현성은 고사하고 무슨 일을 하려 했는지조차 잊어버릴 때가 있다. 어제까지 잘 치던 기타곡이 오늘은 손가락이 엉키며 운지(運指)가 매끄럽지 못하고 악보도 깜깜하다. 새로운 곡에 도전한다는 것은 엄두도 못 내고, 그동안 잘 치던 곡도 더듬거린다. 기억력에 자신이 없다면 꾸준히 노력하는 것만이 재현성을 높이는 가장 좋은 방법이며, 요행을 바라는 느슨한 마음가짐은 실수를 초래하기 쉽다. 정확한 재현을 위해서는 몸이 무의식적으로 따라가도록 끊임없는 반복 연습을 하는 것이 최선이다.

뇌 속에 있는 해마는 기억 형성에 필수적인 구조물로, 이 부위에서 알츠하이머 질환이 시작되어 치매가 유발된다고 한다. 그런데 가끔 말하고 싶은 단어가 입안에서 뱅뱅 돌며 안 떠오를 때가 있다. 머릿속 어느 구석엔가 들어 있는 것 같은데 끄집어낼 수가 없어 '거시기, 거시기'만 반복하고 있다. 어쩌다 '뺑뺑이 추첨기'에서 구슬이 튀어나오듯 불현듯 생각나기도 한다.

실제로 머릿속 기억은 뒤죽박죽 섞여 있다가 필요할 때 솟아나는 구조일 것이다. 기억마다 기둥이 꼿꼿이 서 있으면 심지 뽑듯 쉽게 꺼낼 수 있을 텐데, 뒤죽박죽 섞여 있으니 끌어내기 어렵다.

예전에는 '손수레 엿장수'가 묶인 심지를 고르면 엿을 한 개 더 얹어 주는 재미있는 거리 풍경이 있었다. 기억도 심지 뽑듯 하나에 줄줄이 엮여 나오면 얼마나 좋을까. 정 생각나지 않을 땐 참고 기다리다 살짝 고개를 드는 심지를 있을 때 잽싸게 낚아채는 방법이 효과적일 것이다.

'몸의 기초'인 다리가 튼튼해야 '정신의 기초'인 뇌도 건강하다. 몸과 마음은 붙어 다니는 샴쌍둥이와 같기에, 평소에 다리를 튼튼히 만들고 주기적으로 머릿속을 뒤집어 '정신 심지'들을 곧추세워 놔야 한다.

중년의 멋

남성은 중년의 나이로 접어들면 외골수 고집불통이 되어 간다. 몸도 예전 같지 않고 의욕도 떨어지고 활력도 없다. 못마땅한 것들만 눈에 들어오고 타협하기도 싫다.

남성의 갱년기 증상은 남성 호르몬에 불균형이 생겨 나타난다고 한다. 이런 증상이 혼자만의 울타리에 국한되면 사색적인 남자가 되지만, 밖으로 표출되면 집안이 시끄러워지고 돌출행동으로 사회문제로 비화하기도 한다. 젊었을 때의 철없는 반항과는 달리, 뻔히 알면서 또 그 과정과 결과를 예측할 수 있음에도 참지 못하고 저지르는 '옹고집 반항'이다.

▶ 남성 갱년기 증상은 크게 두 가지 증상으로 나타난다. 하나는 정신적인 불안, 다른 하나는 육체적 저하 현상이다. 몸도 안 따라주고 마음도 위축되니 자신감이 없어지고, 가끔 욱하는 성질을 못 참아 큰 사고를 저지르기도 한다. 모두가 정신적 · 육체적 불안을 달래지 못해 통제력을 잃기 때문이다.

남을 배려하지 못하고 자기 생각만 옳다고 여기는 아집이 심하게 나타나며 남의 탓만 하는 모습, 이것이 바로 갱년기의 대표적인 증세다. 눈뿐 아니라 안목(眼目)까지 저하돼 사리판단이 흐려지고, 사소한 것에도 흥분하고, 용납 못 하고, 마음도 옹졸해진다.

젊어서는 어떤 조언도 잘 받아들이나 중년에 접어들면 남의 얘기를 그대로 받아들이려 하지 않고, 일단 비판하고 왜곡시켜 자기 취향에 맞게 각색하려 들며, 융통성이 적어지고 모든 걸 배척하려 든다.

▶ 옷 입은 모습을 보면 연령대를 구분할 수 있다. 젊은 사람은 대부분 웃옷을 바지 겉으로 내놓고 다니지만, 중장년층은 너나 할 것 없이 바지춤에 집어넣고 다닌다. 젊어서는 옷에 구속받는 것이 싫어 속내의도 안 입고, 와이셔츠도 바지춤에 넣지 않고 다니다 직장생활을 시작하면 어쩔 수 없이 정장 차림에 와이셔츠가 바지 속으로 들어간다. 그러다 더 나이가 들면 웃옷이 다시 허리춤에서 나오기 시작한다. 이때쯤이면 허리띠 매는 것조차도 거추장스럽고 답답하기 때문이다. 와이셔츠가 허리춤 밖으로 나온 이유는 '멋 부리기'가 아닌 옷에 구속되기 싫어서다. 이 점은 젊은이와 나이 든 사람의 보기 드문 공통점이다.

중년의 '멋 부리기'는 역설적으로 말하건 '멋을 안 내는 것'이다. 유행을 좇을 나이도 아니고, 그럴 몸매도 아니다. 넉넉한 옷이 중년의 몸에는 편하고, 남 보기에도 거북스럽지 않다.

▶ 중년의 가슴은 웬만해선 뛰지 않는다. 아무리 큰 자극이 와도 인생 경험으로 쌓인 완충제가 심장을 단단히 둘러싸고 있어 끄

떡없다. 젊었을 때는 사소한 일에도 발끈하고 자존심에 죽고 사는 열혈남이었던 사람도 중년에 접어들면 초연해진다. 중년의 나이에 잘난 척, 센 척, 고자세로 버텨 본들 꺾일 확률이 높고, 한 번 꺾이면 회복하기가 어렵다. 감당 못할 충격을 받으면 그나마 붙들고 있던 자존심마저 무너질 수 있으니 유연한 몸가짐을 갖는 것이 올바른 처신이고, 자신을 보호하는 방법이다.

사리에 안 맞고 허무맹랑한 일을 당해도, 그저 허허 웃어넘길 수 있는 중년의 여유가 필요하다. 아집(我執)에 갇혀 있던 자만심이 녹아내리며 제풀에 주눅이 들기도 하지만, 사소한 일에도 감동할 줄 알고 욕심을 부리지 않고 세상을 관망할 줄 알게 됐으니, 예전보다 마음은 더 풍요로워졌다고 할 수 있다.

중년의 나이에는 '타협하고 용서하는 마음'이 남성 갱년기를 무사히 넘기는 특효약이다. 인생 경험을 통해 터득한 '인생 노하우'로 무심코 흘려버린 사연들을 아름다운 추억으로 만들고, 의연하고 온화한 모습으로 멋을 부릴 줄 알아야 한다.

놓지 마, 정신 줄!

애들이 명절에 왔다 간 후 아내가 나에게 용돈을 얼마 받았느냐고 물어온다. 따로 돈 봉투를 받은 기억이 안 나니 난 당연히 "아무것도 안 받았는데?"라고 대답할 수밖에. "무슨 소리야? 거실에서 당신이 따로 봉투 받는 걸 봤는데?" 그런데 아무리 생각해도 받은 기억이 안 난다. 저녁 먹으며 술 몇 잔 하긴 했어도 이렇게 깜깜할 수가?

다음 날 아침까지도 긴가민가하면서 절대 봉투를 받은 적이 없다고 계속 우겼다. 그런데 출근해 가방을 열어 보니 '아뿔싸!' 돈 봉투가 나오는 게 아닌가? 언뜻 기억이 되살아났다. '맞아! 돈 봉투를 받아 탁자에 놓으려다 집사람에게 탈취당할(?) 가능성이 있어 슬그머니 가방 서류철에 넣었지?' 속 좁은 꼼수가 부메랑이 되어 '나에게도 들키지 않는' 웃기는 결과로 나타난 것이다.

최근에 좀 과음을 했다 싶으면 술자리에서 한 대화 내용이 잠자는 중에 어디론가 사라지는 증상이 있다. 무슨 얘기를 심각하게 한 것 같은데, 이상하게도 다음 날 기억이 잘 안 난다. 얼마 전까진 아무리 취해도 기억이 온전해 남들에게 핀잔을 들었는데, 이젠 내가 무슨 얘기를 했는지 남한테 물어봐야 하니 한심하다. 예전의 차분하고 논리적이라고 자부했던 사고가 점점 흐려지고 허점이 드러난다. 심지어 터무니없는 실수를 저지르고도 전혀 모르고 있다가, 한참 후에 그 사실을 알고는 당황한다. 가뜩이나 좋지 않은 기억력이 건망증이란 복병을 만나 더 나빠지고 있다.

▶ 치매는 의지와 판단력이 사라지는 병이고, 건망증은 의지는 멀쩡한데 빈틈이 보이는 증상이다. 건망증에서 제일 고약한 증상이 자기 실수를 바로 인정하지 않고 남에게 전가하려는 행동이다. 나의 허점을 남의 탓으로 돌리고, 자기 합리화 또는 핑계로 모면하려 든다. 자신의 약점이 노출되는 것이 싫고, 실없는 사람으로 놀림받을까 봐 두려운 것이다.

대부분의 직장인은 자신이 건망증이 있다고 생각한다. 조물주가 모든 동물을 만들 때 생존에 꼭 필요한 본능만 '하드 메모리'에 심어 놨고 나머지 것들은 '임시 기억 장치'에 잠시 머물다 사라지도록 했다. 기억력이 월등한 사람도 특정 분야에 국한된 것이지, 모든 분야를 다 기억하는 것은 아니다. 만약 온갖 잡다한 것들을 모두 기억하고 있다면 아마 미치거나 머릿속이 터져 버릴 것이다.

▶ 기억력과 관련해 조물주가 간과한 한 가지 중대한 결함(?)이 있다. 잊고 싶은 것은 빨리 잊고 잊고 싶지 않은 것은 오래 간직해야 하는데, 그게 뒤바뀌는 경우다. '잊어야지.' 하는 것이 오래 남고, '잊지 말아야지.' 하는 것은 금방 사라지는 오류가 있다.

이를 보완할 최고의 방법은 나쁜 기억은 자연적으로 소멸할 때까지 참고 기다리고, 반면에 좋고 아름다운 추억은 잊지 않도록 자주 되새기는 것이다. 기억은 자성체가 자화하듯 전기신호로 저장되기 때문에 약해진 신호를 주기적으로 충전시켜 되살려 놓을 필요가 있다. 기억장치에 저장되지 않은 추억은 허공에 떠도는 연기와 같아 불현듯 사라진다.

아름다운 추억은 함께했던 사람과 자주 만나 반추하는 것이 즐거운 시간도 되고 기억을 재충전하는 데도 큰 도움이 된다. 추억을 공유한 사람끼리는 같은 얘기를 여러 번 반복해도 즐겁다. 그때의 추억거리나 사진, 기념품 등을 보며 얼굴을 맞대고 얘기하는 것만큼 재미있는 건 없다. 그러니 아름답고 오래 간직하고 싶은 추억은 그때 같이했던 사람과 술 한 잔 곁들이며 자주 되살려야 한다. 조물주가 등한히 한 기능을 보완하려면 저장된 기억을 자주 재충전해 전기적 손실을 보충해야 한다.

▶ 인간의 뇌는 저장 능력이 탁월한 듯 보여도 컴퓨터에는 못 당한다. 컴퓨터는 메모리 용량만 늘리면 저장능력이 거의 무한대이고 완벽한 기록을 유지하나 인간의 뇌는 그에 못 미친다. 또 다른 점은 자료를 입력시킨다고 할 때 컴퓨터는 반드시 '다른 이름'으로 저장할 것이냐고 물어보나, 인간의 뇌는 무조건 저장한다는 것이

다. 컴퓨터에서는 '저장' 버튼을 무심코 눌렀다가는 기존 자료가 사라지지만, 인간의 뇌는 중첩저장도 하고 각색해서 비슷한 이름으로 다른 곳에 저장하기도 하고 때론 지워 버리기도 하고 제멋대로다. TV에서 방영한 명장면은 보고 또 봐도 즐겁다. 내가 관심이 있으면 똑같은 내용이라도 매번 새 이름으로 저장하나, 관심이 없으면 바로 휴지통으로 버린다. 일정 패턴이 없고 한 주제를 여러 가지로 각색해 저장하므로 어디로 튈지 모르는 럭비공과 같다. 그러나 이런 능력이야말로 인간이 가진 최고의 특기 중 하나다. 주관과 상상력을 추가해 새로운 기억으로 창조할 수 있기 때문이다. 기억력을 높이는 방법으로 기억을 각색해, 있는 것보다 더 재미있게 만들어 저장하는 방법이 효과적일 것이다.

▶ 정신을 '지각, 사고, 기억, 지능, 학습. 평가, 결정 등을 포함하는 복합적인 능력'이라고 정의한다. 정신을 몸에 붙들어 매고 있는 줄을 '정신 줄'이라고 한다면, 그 줄이 약해진 증상이 건망증과 치매다.

'정신 줄'의 재질은 뭘까? 굵기는? 내 마음대로 끊을 수도, 이을 수도 없는 것이 '정신 줄'이다. 가능한 한 '정신 줄'을 몸에서 떨어지지 않도록 꽁꽁 동여매고 있어야 하나 여차해서 한번 끊어지면 행방이 묘연해 되찾기가 거의 불가능하다.

피카소, 처칠, 미켈란젤로, 모네가 80세~90세가 넘어서도 창의력을 발휘할 수 있었던 것은 튼튼한 '정신 줄'을 갖고 있었기에 가능했을 것이다.

'정신 줄'도 꾸준히 운동시키면 더 굵고 튼튼해지지 않을까? 적당한 운동과 단련으로 질기고 건강한 '정신 줄'을 유지할 수 있는 묘책을 생각해 봐야겠다. 스트레스를 받는 것도 '정신 줄'을 운동시키는 것이라 여기고, 슬픔과 기쁨도 '정신 줄'을 담금질할 때 사용하는 촉매제로 생각하면 일석이조일 것이다.

몸에서 손이 닿지 않는 딱 한 군데

몸 중에서 손이 닿지 않는 곳이 딱 한 군데 있다. 바로 등이다. 조물주는 왜 손을 더 길게 만들지 않았을까? 인류가 수만 년 진화하는 동안 등 긁는 기능은 왜 등한시했는지 의문이다.

등 한가운데에 자리 잡은 척추는 우리 몸에서 머리만큼이나 중요한 부위로, 인체를 지탱해 주는 기둥이며 중추신경이 지나고 있다. 척추를 다치면 심각한 장애를 가져오나 정작 위급 상황에 처했을 때 척추를 보호할 방법이 없다. 외부로부터 위험을 느끼면 본능적으로 손으로 얼굴을 가리고 몸을 웅크리며 등을 방어막으로 쓴다. 중요한 부위인 척추를 희생양으로 내놓는 꼴이다. 등은 가려워도 내 손으로 긁을 수 없고, 담이 걸려도 파스를 붙일 수 없다.

조물주 생각에 인간이 너무 개인주의로 변하니 최소한 등만은 남에게 맡기라는 깊은 뜻이 내포된 것은 아닐지? 고릴라나 원숭이는 상대방의 털을 골라 주며 친근감을 돈독히 한다. 인간도 최소한 서로 등을 긁어 주며 친근하게 지내라는 숨은 뜻이 있는 듯하다. 요즘엔 효자손이란 것이 있어 등 긁어 줄 사람이 옆에 없어도 그런대로 가려움을 해소할 수 있지만, 그래도 사람 손으로 긁어 주는 시원함과는 비교할 수 없다. 예전에는 공중목욕탕에 가면 모르는 사람한테도 자연스레 등을 맡기는 정겨움이 있었지만, 요즘엔 부부가 아니면 상상할 수도 없는 풍경이 됐다. 어느샌가 몸의 기둥인 척추를 남에게 맡기기가 두려운 세상이 되었나 보다.

삶

둘째마당

/

돌아보는 삶의 독백

세상이 내 생각대로 돌아가지 않는다는 느낌이 드는 이유는 세태를 이해하지 못하고 있거나, 내 생각에 융통성이 없기 때문이다. 삶은 세상 속에 존재하므로 더불어 살면서 배우고 고치고 단련하며 사는 지혜가 필요하다.

독백으로 하던 말을 세상과 공유하고 혹시 나의 잘못된 생각이 있다면 글을 쓰면서 바로잡고 싶다.

삶이 남들과 크게 다르지 않고 세상을 보는 눈도 오십보백보일 테니 평범한 시각으로 일상을 뒤돌아보려 한다.

평범한 세상 속,
결코 평범하지 않은 이야기

나에게 맞는 '인생 평균치'를 설정하자

경쟁 사회에서 남을 이기기란 절대 만만치가 않다. 남보다 나은 위치로 올라서기를 바라는 사람은 많지만 쉽게 이루어지지 않는다. 흔히 좋은 말로 'win-win 相生'을 이상형이라고 하지만 현실에서는 가당치도 않다. 자리가 한정돼 있으니 남보다 우월해야 그 자리를 차지하는 것은 정해진 이치다. 집안, 학력, 직업, 수입과 같은 것들이 남보다 우월해야 어깨를 펴고 사는 세상이다. 그러나 이런 우월감을 맛보기 위해선 삶의 전선에서 끝없는 경쟁을 이어가야 한다.

살아가며 내 맘이 편하려면 '이 정도면 됐어.'라고 판단할 수 있는 나에게 맞는 적정기준을 정할 필요가 있다. 한도 끝도 없는 경쟁을 추구한다면, 삶 자체가 불평불만의 연속이고 상처만 남길 뿐이다.

'내 사회생활은 이 정도면 됐어!'
'나의 경제력은 이 정도면 됐어!'
'내 가족은 이 정도면 됐어!'

너무 높은 설정은 고단한 투쟁의 연속이고, 끝없는 불평과 시기를 낳을 뿐이다. 그렇다고 너무 낮은 설정은 나를 위축시키고 발전을 저해할 수 있다. 나의 배경, 사회적 위치, 경제력, 그리고 내가 가진 능력을 종합적으로 평가해 적절한 기준을 설정하고 욕심을 부리지 말아야 한다.

그러나 현실은 '이 정도면 됐어!'라고 판단할 수 있는 기준을 정하기가 참 어렵다. 내가 만족할 수 있는 기준을 정할 수만 있다면 얼마나 마음이 편하겠는가. 설정 기준을 넘는 성과를 이루면 덤으로 얻는 것으로 생각하고, 남에게 베풀고 살 수 있을 텐데 말이다.

문제는 남과 비교하는 것에 있다. 남보다 우월해야 만족을 얻는 것이라는 생각부터 버려야 한다. 남과 비교하지 말고 나의 적절한 삶의 기준을 정하는 것이 남을 이기는 방법이자 나를 행복하게 하는 지름길이다. 현재 내 수준에 맞는 보편타당성 있는 '인생 평균치'를 설정하는 것이 현명하다. 평균치로 산다는 것은 쉬운 것 같아도 실행하긴 어렵다. 인생사에서 평균치를 어떻게 정의해야 할지 모르겠으나, 일반적으로 교육 수준, 수입, 집, 가족, 건강 등등 여러 요소를 복합적으로 따져 봐야 한다. 사람마다 생활이 다르고 처한 환경과 사회적 위치가 다르니, 나에게 맞는 평균치를 정하고 그 기준에 부합하는 인생을 설계해야 한다. 잘 사는 사람의 생활수준을 나의 평균치로 잡으면 항상 불만불평에서 헤어나질 못할 것이고, 그렇다고 너무 낮게 잡으면 나태와 안일에 빠질 것이다.

무조건 남을 흉내 내는 삶은 고단할 뿐이니, 나에게 알맞은 '인생 평균치'를 설정하고 그에 맞게 사는 것이 바람직하다.

작전? 묘책? 결국은 '꼼수'

'내 마음을 어찌 그렇게 잘 알지?'
'맞아! 그게 바로 내 생각이었어!'

철학 · 심리학 · 정신분석학 모두 인간의 정신과 마음을 분석하는 학문이다. 인간이 생각하고 행동하는 과정을 정신적으로 따져 보려 한다. 보통 사람은 자기가 생각한 대로 행동하고 마는데, 심리학자는 이를 분석해 원인과 결과에 대해 이러쿵저러쿵 전문용어를 써 가며 복잡하게 설명한다. 그러나 그들이 의식 · 무의식 · 집단심리 등을 통해 분석한 내용을 보면 '아하, 그렇구나!' 하고 공감이 간다.

같은 부류, 비슷한 교육 환경에서 자란 사람끼리는 상대방 심리를 어느 정도 파악할 수 있다. 서로 생각하는 바가 크게 다르지 않기에 아무리 꼼수를 써도 상대의 의중을 거울 보듯 들여다볼 수 있다. '그럼 그렇지! 네가 뛰어 봐야 내 손바닥 안이지!' 옳고 그름을 떠나 내가 어떻게 생각하는지 상대방도 대충 안다고 봐야 한다. 그게 바로 사회통념이고 보편타당성이다.

아내에게 꼼수를 부렸다가 실패로 끝난 경험을 떠올리면 쉽게 이해할 수 있다. 남편의 일거수일투족을 꿰차고 있는 눈치 9단인 아내의 안테나는 절대로 피할 수 없다. 잠시 묘책을 써 위기를 넘겼다 해도, 육감까지 동원해 파고드는 교묘한 수사망에 걸려들면 특별가중처벌(?)까지 받는다.

엘리트 의식을 갖고 있는 사람은 자기보다 더 똑똑한 사람이 없는 줄 알지만, 상대방도 나와 똑같은 수준에서 나를 꿰뚫어 보고 있음을 알아야 한다. 남보다 뛰어나다고 해 봤자, 세상 살아가는 데는 단지 종잇장 한 장 차이에 불과하다. 잔머리 굴리고 꼼수를 쓰는 것을 좋은 말로 작전이니 묘책이니 하지만, 결국은 꼼수에 불과하다. 상대방의 치졸한 생각을 알고 나면 그 사람이 추해 보이기 시작한다.

정도(正道)를 걷는 사람은 두드러지진 않지만 진솔함이 있다. 인기에 영합하고 자기과시와 권모술수에 능한 사람은 단기간에 목적을 달성할지는 몰라도 길게 보면 결국 무의미한 인생으로 끝난다. 내가 생각하고 있는 것을 상대방도 똑같이, 아니 더 앞서서 꿰차고 있다고 생각하고 만사에 신중을 기해야 한다. 꼼수가 없는 자연의 이치에서 살아가는 법을 깨우쳐야 한다.

진정한 덕의 의미, 포덕시혜 布德施惠

덕은 쌓는 게 아니고 베푸는 것이다.
덕은 쌓아 놓고 곶감 빼먹듯 야금야금 빼먹는 게 아니고
베풂에 대한 대가를 바라지 않는 것이다.

덕은 마음의 눈으로 보면 투명하게 보이므로
진솔함이 담겨 있어야 한다.
진실성이 없으면 헛된 가식에 불과하고
공허한 메아리 같다.
되돌려 받을 생각 말고 베푸는 덕이 진정한 덕이다.

'포덕시혜(布德施惠)'는 널리 덕을 펴고 은혜를 베풀라는 뜻으로, 나를 희생하는 봉사의 마음이 들어 있다.

'그놈'의 현명한 처세술

'그놈'이란 단어는 아무 남자한테나 흔히 쓰인다. '짐승 같은 놈'이라고 경멸하고, 어떤 땐 '짐승만도 못한 놈'이라고 비하한다. 짐승 같은 행동을 해도 욕을 먹고, 짐승 같은 행동을 하지 않아도 욕을 먹는 게 바로 '그놈'의 운명인가 보다.

몰지각한 몇몇 '그놈'이 있다 쳐도 모든 남자를 도매금으로 '그놈'의 범주에 몰아넣는 건 좀 억울하다. '괜찮은 놈', '쓸 만한 놈'처럼 좋은 의미에도 '놈' 자가 붙어야 의미가 살아나니, 남자는 모두 '놈'이 돼 버린 느낌이다.

과연 여자는 남자를 '그놈'이라고 비하할 자격이 있는가? 요즘엔 약자가 아닌 표독스럽고 강인한 여자가 너무 많다. 집에서도 내숭을 떨어서 그렇지, 맘만 먹으면 남자보다 힘을 더 잘 쓴다. 산에서도 펄펄 나는 체력을 가졌고 어딜 가도 발언권이 센데, 어느 누가 여자를 약하다고 하겠는가. 젊어선 치명적인 유혹으로 남자를 꼼짝 못하게 하더니, 나이 들면 온 집안을 휘어잡고는 남자를 사람 취급하지 않는다. 모계체계가 점점 강화되며 막강한 권력을 휘두르는 걸 보면, 확실히 여성 우위 세상인 것은 확실하다.

남성은 무슨 원죄를 갖고 태어났는지? 아담을 유혹한 건 이브가 아니었던가. 아무리 항변해 봤자 현실은 여성의 독주시대이니 '하늘님'과 거의 동격인 '마눌님'의 세상이다. 그러니 나이 들면 '마눌님'이 시키는 대로 순종하며 조용히 사는 것이 '그놈'의 현명한 처세술이다.

범부凡夫의 권리

개인사무실, 여비서, 운전기사, 이 세 가지를 가졌느냐 못 가졌느냐를 성공의 잣대로 삼는다고 한다. 특권층의 조건으로는 휴대전화번호 두 개 이상 소지, 위장전입 경력, 독수리 여권 등을 열거하기도 한다. 정치권 청문회를 보고 세태를 비꼬는 말이지만 사회에 통용되고 있는 현실이다. 대부분 일반인은 위의 조건 중 한 개도 끼워 맞추기 어려우니, 이를 초라한 신세라고 비관해야 할지, 능력이 없다고 자탄해야 할지 쓴웃음이 지어진다.

순댓국 한 그릇도 내 돈 주고 사 먹는 것이 맘 편하고, 땀 흘려 번 돈으로 소박하게 사는 것이 더 가치가 있다고 생각하다가도 나와 동떨어진 세상을 알고 나면 기분이 씁쓸해진다. 그렇지만 보통사람이라서 좋은 점도 있다. 누가 나에게 시비 거는 사람 없고, 자유롭고, 마음만은 풍성하다. 검찰청 포토존에 서서 플래시 세례를 받는 사람들의 모습을 보며, 반대급부로 나는 얼마나 행복한 사람인가로 위안을 삼는다.

뉴스에서 구속되는 사람을 보며 모처럼 큰소리를 쳐 본다. "저런 꼴 안당하고 사는 게 얼마나 큰 행복인 줄 아오?" 아마 집사람은 속으로 '그럴 능력이나 있나?'라고 비웃을지 모르지만, 가끔은 상대적 행복을 느끼는 것이 범부의 권리다. 별로 내세울 것은 없지만 자유로운 일상을 누리는 것이 돈 주고도 살 수 없는 소중한 행복이라고 혼자 중얼거려 본다.

행복의 잣대는 문명이 아닌 '관점'의 차이

요즘 세태는 더불어 살기보다는 '너 죽고 나 살자'는 살벌한 풍조가 만연해 있다. 누가 잘되는 것은 곧 내가 뒤처진다는 얘기고, 머지않아 퇴출당할지도 모른다는 강박감을 암시한다. '구조조정'이다, '희망퇴직'이다 하는 말만 들리면 가슴이 철렁하고 내가 그 대상이 될 수도 있다는 불안감에 직장에 정을 붙일 수 없게 만드는 게 현실이다.

이렇게 아등바등 산다고 현대 인류가 대단한 진보를 이룬 것도 아니다. 2천 년 전 철학서가 현대 생활에서도 절대적인 공감을 주고 있는 것은, 예나 지금이나 인간의 삶에는 별 차이가 없다는 증거다. 신기술, 신물질을 개발했다고 인류의 정신세계가 같이 발전했다고 볼 수 없다. 오히려 물질적 발전이 정신적 퇴보를 가져왔다. 우주선을 타고 달나라에 가 봤자 상상의 달과 어떤 차이가 있고 인류에게 어떤 보탬이 되는지 의문이다. 달이 지구에 미치는 물리적 현상은 전혀 바뀐 것이 없고, 직접 가지 않아도 멀리서 보는 달이 더 아름답고 정서적으로 인류에 유익하다.

물질만 추구하다 보니 부작용이 생기고, 이를 극복하기 위해 더 센 처방을 마련하게 되는 악순환의 무한궤도를 달리고 있다. 그런 이유에서인지 요즘 인문학 강좌가 인기라고 한다.

가끔은 인류의 정신과 문화를 원점으로 되돌릴 필요가 있다. 100년에 한 번씩 제자리로 돌려 인류가 저지른 오류를 깨끗이 지워 버리고 원점부터 새로 시작하는 게 좋겠다는 생각을 해 본다. 역사상으로 한 세대가 지날 때쯤이면 전쟁이나 혁명이 일어나서 기존의 문명을 파괴하고 새로운 역사가 시작됐다.

어려운 가운데 남을 도와주는 착한 사람을 찾아 칭찬하는 사연을 보면 흐뭇하고 기억에 오래 남는다. 그 사람들이 세상 물정을 모르는 바보라서 그런 행동을 할 리는 없고, 부족해도 만족하는, 즉 욕심을 부리지 않는 마음가짐을 지녔다는 점이 다르다. 정글에 고립되어 사는 오지 사람들은 왜 그리 평안해 보일까. 우리가 볼 때는 불쌍하게 보일지 모르지만, 그들 나름대로는 행복하고 만족한 삶을 살아가고 있다. 그들에게도 지켜야 하는 법과 도리가 있고, 인정도 있고, 철학도 있다. 우리와 크게 다르지 않은 인생사를 살고 있는 것이다. 다만 그들은 밖의 세계와 비교하지 않고, 주어진 환경에 순응하며 산다는 차이점밖에 없다.

행복의 잣대는 '문명'이 아닌 '관점'의 차이라고 봐야 한다.

큰 물줄기, 작은 물줄기

큰 물줄기에선 물을 담을 수 없다.
큰 물줄기는 충격만 주고 스쳐 지나갈 뿐
담기는 것이 없다.
세찬 흐름은 앞뒤의 물을 모두 휩쓸어
휭 하니 지나가며
손을 거둘 때 허공으로 붕 뜨는
공허함만 남긴다.

폭포 가장자리에서 가늘게 떨어지는
물줄기는 손바닥에 물을 가득 채운다.

가늘고 여리게 흐르는 물줄기는
구석구석 적시며 차곡차곡 쌓여 흘러넘친다.
앞뒤를 아우르는 다정한 속삭임이 들린다.

계곡을 흐르는 물줄기 스케치 – 연필소묘

고민 말뚝, 해법을 찾는 지혜

북극의 '에스키모인'으로 불리는 '이누이트족'은 고민이 있을 땐 말뚝을 하나 들고 무작정 설원을 걷는다고 한다. 한참을 걷다가 해답을 찾으면 그 자리에 말뚝을 박고 되돌아온다. '고민 말뚝'이 적을수록 행복한 사람이겠지만, 거리가 가까울수록 걱정을 해결하는 능력이 탁월한 사람이기도 하다. 무작정 걷다가 해결 못하면 영영 되돌아올 수 없을지 모르지만, 혼자 해결하려는 의지는 본받을 만하다.

'부시맨'이 어쩌다 하늘에서 떨어진 콜라병 하나 때문에 문명 세계로 들어와 엄청난 혼란을 겪다 다시 고향으로 되돌아가는 얘기는 시사하는 바가 크다. 그에게는 아프리카 초원에서 자유롭게 사는 것이 훨씬 행복하고 편하다. 각자 삶의 기준이 자기가 처한 환경에 맞아야 고민이 줄어들고 행복감을 느낄 수 있다. 〈워낭소리〉의 할아버지와 늙은 소의 '동반의 삶'은 할아버지와 소 사이에 무언의 교감이 행복을 가져다주고, 이를 보는 사람에게도 공감을 불러일으켰다.

걱정이 없는 삶이란 있을 수도 없고 쉽게 떨쳐 버리기도 어렵지만, 그렇다고 매일 '고민 말뚝'만 박고 살 수는 없지 않은가. 마음이 혼란스러울 때 아무 말 없이 두세 시간 같이 있을 수 있는 친구가 한 명이라도 있다면 행복한 인생이라고 한다. 같이 있는 시간에서 무언의 위안을 찾을 수 있기 때문이다.

고뇌와 번민은 인생의 수레바퀴에 얹혀 같이 굴러가는 동반자이며 그림자로 여겨야 한다. 고민이 있을 때 '이누이트족'처럼 말뚝을 하나 들고 무한정 걸으면서 해법을 찾는 지혜가 필요하다.

인생의 지도를 그려라

KTX를 탔다고 항상 빨리 가는 것은 아니다. 대전에서 서울까지 KTX로는 한 시간이 채 안 걸린다. 기차 시간만 그렇다는 것이고 출발지와 최종 목적지가 어디냐에 따라 고속버스가 더 빠를 수도 있고, 승용차가 더 편리할 수도 있다. 집에서 출발해서 최종목적지에 도착할 때까지의 시간을 모두 합치면 KTX를 이용하는 것이 더 느린 경우도 있다.

사람 사는 것도 마찬가지다. 단지 겉에 드러나는 한 가지만 놓고 옳고 그름을 평가해서는 안 된다. 요즘 사회는 앞뒤 다 자르고 세간에 관심 있는 부분에만 초점을 맞춰 왈가왈부하는 경우가 많다. 준비와 마무리 과정이 생략되고 단편적이고 피상적인 일부 모습만 보고 평가하는 것은 오해의 소지가 많다. 그럴듯한 평가도 시간이 지나고 포장지가 벗겨지면 본모습이 드러난다.

탄탄한 기초과정을 거치지 않은 결과는 모래성에 불과할 뿐이다. 차근차근 쌓아 올린 탑은 어떤 외란에도 쉽게 무너지지 않을뿐더러, 설혹 무너졌다 해도 다시 쌓을 수 있는 밑뿌리가 튼튼하니 회복이 빠르다. 장래에 대한 장기적인 로드맵과 탄탄한 준비, 실천 과정, 확실한 마무리가 모두 포함된 완벽한 인생 지도를 그려 놔야 한다. 흐리멍덩한 계획과 흐지부지한 실천은 아무 의미가 없다.

몸과 마음의 적정 온도

거북 알이 부화할 때 암수의 운명을 결정짓는 온도는 섭씨 27도라고 한다. 모래 속의 온도가 27도가 넘으면 암컷이 되고, 27도 이하면 수컷이 된다. 자연환경에 자웅선택의 운명을 맡긴 것이다. 왜 27도가 성별의 기준이 됐는지는 모르겠으나 여기엔 틀림없이 비밀스러운 '생명 코드'가 숨어 있을 것이다.

동물마다 적정 체온이 다른 이유가 궁금하지만, 자연의 오묘한 이치는 인간의 영역에서 벗어나 있으니 알 방법이 없다. 인간의 체온은 36도가 기준이다. 병원에서 주로 하는 일은 바로 환자의 체온을 36도에 맞추려고 처치하는 것이다. 소름이 돋거나 땀이 나는 것도 모두 체온 조절을 위한 자가 조치다.

정신에도 적정 온도가 있다. 화날 때, 의기소침할 때, 우울할 때 제각기 온도가 다르다. 체온 조절은 외부 환경이나 생체의 신진대사로 이루어지지만, 정신 온도는 내 마음이 좌우한다. 마음을 조절할 수 있는 능력을 갖춘 사람이야말로 자신의 정신 온도를 잘 관리하는 사람이다. 같은 문제도 마음먹기에 다라 희망이 되기도 하고, 좌절이 되기도 한다. 그렇기에 정신 온도는 나만이 조절할 수 있다.

정신에서 잉태된 알도 적정 온도를 유지함으로써 올바른 모습으로 부화할 수 있다. 희망적인 삶과 밝은 미래를 창조하기 위해서도 정신의 적정 온도를 잘 관리할 줄 알아야 한다.

'쪽' 팔린다?

창피하고 치욕적인 상황을 표현하는 말 중에 '쪽 팔려'가 있다. '쪽'은 얼굴을 뜻하니 결국 '쪽 팔린다'는 '낯 깎인다'는 말로, 얼굴을 못 들고 다닐 정도로 창피하다는 얘기다.

'쪽'의 또 다른 의미는 '쪽물 들이다' 할 때의 '쪽'으로, 남색 천연 염료의 원료다. '청출어람(靑出於藍)'은 '쪽에서 우러난 푸른빛이 원래의 색보다 더 푸르다'라는 뜻으로 제자가 스승보다 더 훌륭할 때 인용되는 문구다. 그래서 쪽물을 들이는 장인이 쪽빛을 제대로 못 내면 "쪽 팔린다."고 말한다.

사회 곳곳에 치부를 들어내고 쪽 팔려 물러나는 경우가 비일비재하다. 우리 누구나 낯 깎이는 난처한 경험을 한두 개씩은 갖고 있다. 유독 시간이 지나도 잊히지 않는 쪽 팔리는 사연은 지금 생각해도 쥐구멍에라도 들어가고 싶을 정도다. 세수를 열심히 한다고 얼굴에서 광채가 나는 건 아니고 표피 아래 혈관이 흐르는 진피에서부터 건강이 우러나야 혈색이 좋아 보인다. 이처럼 '쪽'은 오랜 세월 동안 쌓인 인격을 바탕으로 형성된 한 사람의 삶을 보여준다.

살면서 정말 쪽 팔리는 언행은 하지 말아야 한다. 털어서 먼지 안 나오는 사람이 없다지만 그래도 쪽에서 광채가 나는 사람이 어딘가에 있을 것 같다.

'쪽에서 광채가 나는 사람', '얼굴에서 후광이 비치는 사람', 어디 없나요?

내가 갖춘 능력의 회전 반경은?

주차공간을 찾았다고 주차를 단번에 성공하는 것은 아니다. 핸들이 '턱' 하고 걸려 더 안 돌아가는데, 무리하게 전진하거나 후진하다가는 벽을 긁거나 남의 차 옆구리를 긁게 된다. 무리한 회전은 목적도 달성 못할 뿐 아니라, 남과 나 모두에게 상처를 남긴다.

내가 갖춘 능력의 회전 반경을 알고 있어야 실수를 줄일 수 있다. 회전 반경 범위 내에 들어오지도 않는 일을 무리하게 추진하다 낭패를 보는 경우가 비일비재하다. 차를 주차할 때와 마찬가지로 내 능력의 회전 반경이 맞지 않는다면, 일단 물러섰다가 다시 시도해야 제자리를 찾을 확률이 높다. 분에 넘치는 자리에 올라 본인이 가진 회전 반경, 즉 역량도 파악 못하고 오만한 언행을 하다 보면 결국 불명예스럽게 물러나게 된다. 그릇이 안 되는데 너무 많을 것을 담으려다 대부분 흘려버리고 그나마 담긴 것도 제대로 지키지 못하는 사례가 많다.

회전 반경 안에 들더라도 30% 정도는 여유를 남겨 두고 행동해야 예상치 못한 긴급 상황에 대처할 수 있다. 사회생활에서 자기의 역량이 미치는 회전 반경을 잘 알고 처신하는 융통성이 필요하다.

3만 2천 년 전부터 계속된 식물의 경이

3만 2천 년 전 열매가 꽃을 피웠단다. 학명은 '실레네 스테노필라', 러시아 시베리아 땅굴(영하 7도) 속에 다람쥐가 물어다 저장해 둔 열매에서 꽃을 피운 것이다. 꽃을 피운 과학의 힘도 놀랍지만, 3만 2천 년 동안 생명력을 지니고 있는 열매는 정말 경이롭다.

쥐라기 공룡시대를 재현할 가능성이 보인다. 그 당시에 인류도 있었으니 원시인도 재현할 수 있지 않을까? 우리나라 청원에서도 세계에서 최고로 오래된 볍씨 수십 개가 발견됐다고 한다. '청원 소로리 볍씨'로 1만 7천 년 전으로 추정된다고 한다. 발아가 가능한지는 모르겠으나 구석기 시대의 볍씨라니, 인류의 식량은 그때나 지금이나 같다는 사실이 신기하다.

유칼립투스 나무 아래엔 다른 식물이 자라지 못하게 하는 비밀이 있다고 한다. 잎에서 내뿜은 기름과 뿌리의 기름이 화학작용을 일으켜 지표면에서 다른 식물이 자라지 못하도록 한다. 단풍나무는 낙엽을 떨구어 다른 식물이 자라지 못하게 한다. 단풍낙엽에는 독성이 있어 다른 식물이 발을 못 붙인다고 한다. 화려하고 낭만적으로 보이는 단풍낙엽은 보기와는 달리 무서운 종족 보호를 위한 무기인 셈이다. 콩밭에서도 수상한 일들이 벌어진다고 한다. 다른 식물이 콩밭 근처로 접근하면 잎과 뿌리를 무성하게 펼쳐 못 자라게 하고, 같은 콩끼리는 적당한 거리를 유지하며 서로 사이좋게 자란다는 것이다.

식물은 생명이 없다지만 실제로는 동물처럼 느끼고 냄새에도 반응한다고 한다. '서양흰버들'이란 식물은 애벌레가 잎을 갉아먹으면 화학성분의 분비물을 배출하며 저항한다고 한다. 그러면 인근에 있던 동종의 서양흰버들도 연쇄반응으로 분비물을 뿜는다고 한다. 식물도 외부의 자극을 느끼고 반응한다는 얘기다.

식물은 능동적(active)인 동물과 달리 수동적(passive)인 개체다. 식물의 활동성이라야 기껏 씨앗을 떨어트리는 정도로 아주 정적이다. 소란스럽지 않고 자연이 준 햇빛과 땅속의 물로만 생명력을 유지한다. 동물은 먹고 먹히는 약육강식 속에서 생존을 위해 활동적이고 치열하게 산다. 동물이 아무리 힘겹게 생존해도 3만 2천 년 전의 생명력을 가진 식물에는 대적할 수 없다. 동물에게 먹힌 씨앗은 소화되지 않고 싹을 틔우고, 끈질긴 생명력을 유지하는 생명 유지 비법이 있기 때문이다.

식물은 외적에 대항할 땐 공동전선을 구축하고 종족의 번창을 위해서는 서로 돕는, 가장 기본적인 생존 방식에 충실히 하고 있다. 인간은 서로를 경쟁상대로 여기고 미워하고 싸우면서 살고 있다. 지구는 점점 환경이 악화되면서 자연재앙을 예고하고 있으나 이를 무시하고 이기주의로 치닫고 있어 안타깝다. 인류의 미래를 위해 식물의 생존법을 배울 필요가 있다.

꼴불견 세상에서 살아가기

▶ 손바닥만 한 천 조각 하나가 수십만 원 한다고 한다. 그렇다고 재질이 특수한 것도 아니고 특별한 기능이 있는 것도 아니다. 여자 수영복과 영유아용 옷 얘긴데, 정말 이해할 수 없다. 원자재 값이라야 몇 천 원일 테고, 제작비라야 얼마나 들겠는가? 나머지를 디자인 값이라고 하기는 너무 터무니없다. 이런 물건을 소비자가 외면하면 값이 내려갈 텐데, 우리 사회는 비싸야 더 잘 팔리는 허영이 만연해 있으니 문제다. 패션의 도시인 프랑스 파리에서도 들고 다니는 사람이 거의 없는 명품 가방과 시계를, 우리나라 공항 입국장에선 흔히 볼 수 있다. 길거리엔 짝퉁을 들고 다니며 진짜인 듯 뽐내는 사람도 부지기수다. 백만 원이 넘는 유모차가 없어서 못 판다니 어찌 된 세상인지 모르겠다. 내 아이에겐 빚을 내서라도 다 해 주고 싶다는 논리는 잘못된 것이다. 오히려 내 아이에겐 검소와 내핍을 가르쳐야 옳은데, 태어나자마자 허영부터 가르친다. 내가 못해 봤으니 자식에겐 잘해 줘야겠다는 그릇된 생각, 내 아이의 기가 죽으면 안 된다는 잘못된 생각으로 버릇없는 응석받이로 키우고 있다. 요즘 청소년들이 저지르는 끔찍한 사건 · 사고는 버릇없이 키우고 허영심을 부추긴 부모세대의 잘못이 크다.

손바닥만 한 천이 제값을 받고, 우리의 아이들을 허영이 아닌 내핍과 절제로 키우는 바른 사회가 되길 희망한다.

▶ '아이가 타고 있어요! Baby in Car', 즉 내 아이가 차에 타고 있으니 상대 차량에 주의하라는 경고성 스티커다. 아무리 접고 생각해도 이해하기 어렵다. 모두에게 내 아이를 보호해 달라는 논리는 너무 개인주의적이다. 그런 논리라면 모든 차가 탑승자 명단을 써 붙이고 다녀야 할 판이다. 남의 차에 탄 아기보다 내 차에 탄 동승자가 더 중요하다. 본인이 안전운전하며 조심하면 될 것을, 굳이 남한테까지 내 아이를 보호해 달라는 것은 아주 이기적인 발상이다. 사회에 만연한 자기 본위의 행태와 타인에 대한 배려가 부족한 단면을 보는 것 같아 씁쓸하다.

▶ 비 오는 날 윈도우브러시를 작동시킬 때 제일 난감한 경우는 브러시 고무에 이물질이 끼어 유리가 제대로 닦이지 않을 때다. 운전석에 앉은 채로는 손이 닿질 않아 이물질을 빼낼 수도 없고, 비 맞으며 밖으로 나가기도 귀찮아 그대로 와이퍼를 작동시키다 보면 결국엔 멀쩡하던 유리창과 와이퍼에 상처가 난다. 문제는 이물질인데, 관계도 없는 유리창과 와이퍼가 희생당한 꼴이다.

윈도우브러시에 낀 이물질, 우리 사회에 이런 '이물질 인간'이 곳곳에 박혀 있다. 이런 이물질 인간은 바로바로 제거해야 하는데, 안타깝게도 난해한 법과 제도가 가로막고 있다. 말도 많고 따지기도 잘하지만, 사회엔 전혀 도움이 되질 않는 '이물질 인간',

아무리 더불어 사는 세상이라지만 사회에 상처를 주는 '이물질 인간'은 바로바로 솎아 내야 한다.

▶ 눈앞으로 뭔가 달려들면 저절로 눈이 감긴다. 눈을 감으며 취하는 행동은 대개 두 가지로, 방어와 함께 공격하는 경우와 반항 없이 그대로 순종하는 경우다. 강아지에게 꿀밤을 주려 하면 눈을 감고 움츠러들며 처분만 기다리나, 도사견에게 그랬다간 팔이 성치 못할 것이다.

순종할 수밖에 없는 약자에게는 보듬어 주는 포용이 필요하고, 강한 상대에게는 오만을 지적해 주는 용기가 필요하다. 인간관계에서 상종하지 못할 사람 중 하나가 약자를 이용하고 괴롭히는 자다. 그런 사람은 강한 사람 앞에 서면 아부형으로 바뀌는 이중인격자다. 눈앞으로 날아오는 위협과 공격에 속수무책인 약자는 잘잘못을 떠나 측은지심으로 포용해 줘야 한다. 강아지도 언젠가는 커서 도사견이 될 수 있다. 겨우 아문 상처를 들춰 남을 괴롭히는 자는 언젠가는 자신도 똑같이 되돌려 받는다는 진리를 깨우쳐야 한다.

▶ 슈퍼박테리아는 박테리아 중에서도 아주 악질인 모양이다. 병원균 자체가 스스로 저항력을 길러 내성이 강해지며, 어떤 항생

제도 안 듣는다고 한다. 에이즈나 에볼라 같은 초 슈퍼급 바이러스도 있다.

슈퍼라는 단어가 언제부터인가 일상생활에서 남용되고 있다. 어떤 여자 모델이 자기를 소개하는데 "슈퍼모델 아무개입니다."고 한다. 자기 입으로 '슈퍼', 즉 '초특급 모델'이라고 하니 어색하고 건방지게 들린다.

슈퍼가 앞에 붙는 단어가 뜻밖에 많다. 슈퍼맨, 슈퍼우먼, 슈퍼마켓, 슈퍼도 모자라 슈퍼-슈퍼, 울트라 슈퍼도 있다.

'슈퍼(super)'의 반대말인 '서브(sub)'가 더 매력적인 접두사다. '슈퍼마켓' 대신 '서브 마켓'이라 간판을 내걸고 실속 있는 물품을 판다면 장사가 더 잘되지 않을까?

항상 위로만 올라가려 하면 한도 끝도 없다. 지는 척, 모자란 척하며 실속을 차리는 게 마음의 병도 안 생기고 세상살이가 편하다. 겉모습만 번지르르한 '슈퍼'보다 알찬 '서브'가 훨씬 낫다.

▶ 냄비는 '호들갑'의 대명사다. 금방 끓고, 금방 식고, 진득한 맛이 없다. 즉석 간편식을 좋아하는 일본에서 만든 대표적인 호들갑 음식이 바로 라면이다. 우리 토종 음식은 대부분 가마솥에서 오래 뜸 들이고 정성을 다해 만들기에 깊은 맛이 나지만, 냄비 음식은 대부분 혀끝을 자극하는 가벼운 맛이다.

요즘 호들갑의 선봉장은 매스컴이다. 특종을 만들기 위해 과장하고 호들갑을 떤다. 사소한 일도 침소봉대(針小棒大)해 관심을 끌고, 타 방송사에서 못한 특종을 잡았다고 자랑한다. 앞뒤 끊어 내고 자극적인 단어로만 독자와 시청자를 유혹한다. 기사가 사실이 아님이 밝혀졌음에도 사과나 피해자에 대한 보상에는 인색하고, 사회적으로 커다란 파문을 일으켜 놓고도 '아니면 말고' 식이다.

우리의 전통문화인 은근한 '구들장 근성'은 어디로 갔는지 안타깝다. 남을 배려하는 진득한 인내심은 어디로 갔는지 오리무중이다. 아마도 인터넷이란 검증되지 않은 '실시간 막말'이 제재 없이 통용되다 보니 이런 사회 풍토가 되지 않았나 싶다. 인터넷 댓글은 실명제로 해야 하는데 표현의 자유를 침해한다는 핑계로 방치되고 있는 현실이 안타깝다. 요즘의 '냄비 근성'을 예전 우리 고유의 '가마솥 근성'으로 바꾸어 가야 하지 않을까.

진짜 매력 있는 '허당'

우리는 허술한 사람을 보고 '허당'이라고 놀린다. 빈틈이 보이고, 좀 모자란 듯 남의 말을 잘 듣고, 잘 속고, 실속도 없어 보인다. 이처럼 약간 '허당'으로 보이는 사람은 무슨 말을 해도 받아치고 반격할 사람 같지 않기에 부담 없이 다가갈 수 있다. 반대로 똑똑하고, 영악한 사람에겐 마음이 끌리지 않고 말을 걸기도 어렵다. 괜히 다가갔다가 무안이나 당하지나 않을까 하는 우려에 아예 멀리하게 된다.

'허당'인 사람과 비슷한 범주에 드는 '넉살' 좋은 사람이 있다. 딱히 뛰어난 것이 없는 사람인데 갑자기 출세했다. 어찌 된 일인지 주위 사람의 얘기를 들어 보니 '넉살'이 좋은 사람이란다. '넉살'은 '부끄럼을 타지 않고 비위가 좋고 체면과 염치를 중요하게 생각하지 않는 성미'를 말한다. 첫인상이 꼬장꼬장한 사람에게서는 거부감을 느낀다. 첫인상이 좋다는 것은 넉살이 좋아 보이는 사람이라고 할 수 있다. 한마디로 붙임성이 있는 사람을 말한다. 도를 넘으면 헤픈 사람, 실없는 사람이란 소리를 들을 수도 있으나 사회생활에선 가끔은 그런 넉살이 필요하기도 하다.

말만 잘하면 안 되던 일도 뜻밖에 잘 풀리는 경우가 있어 넉살을 부릴 줄 아는 처세술을 어려서부터 교육할 필요가 있다. 제 고집을 버리고 남을 이해하고 자기를 낮출 줄 아는 자세를 가르쳐야 한다. 원칙에서 살짝 벗어나더라도 크게 결례를 범하지 않는 범위에서 실없는 소리도 툭툭 던지는 융통성과, 설령 남의 말이 틀렸다 해도 '허허' 웃어넘길 수 있는 아량이 필요하다. 일상생활에서 양념 치듯 적당한 유머와 악의 없는 넉살을 배우라는 얘기다. 적절한 넉살은 경계심을 풀어 허당처럼 보이며 대화를 부드럽게 이끌어 분위기를 화기애애하게 만든다.

이러한 '허당'과 '인간성'과는 어떤 함수관계가 있지 않을까. 허당처럼 보이는 사람이 완벽한 사람보다 인간미가 있어 친구로 삼고 싶다. 그런데 진짜 고수는 속마음을 숨기고 허당인 것처럼 보이는 재주를 가진 사람이다. 이런 '고단수 허당'이 사실은 더 위험한 인물이다. 넉살이 좋아 남의 경계심을 헐고 실속은 다 챙기고 정작 본인의 속내는 드러내지 않는 사람, 좋은 사람 같은데 언젠가는 뒤통수를 칠 것 같아 찜찜하다. 이런 고단수 허당이 타고난 허당보다 더 주의해야 할 대상이다.

남에게 허당처럼 보이면서 넉살도 좋고 자신의 단점도 솔직히 터놓는 사람이 진짜 매력 있는 허당이 아닐까.

그걸 왜 나한테 얘기해요?

"그럴 왜 나한테 얘기해요?" 이보다 더 황당한 반응이 있을까? 상대방에게 말을 걸 땐 '당신과 상의했으면 좋겠다.'는 의도와 '내 말을 좀 들어 달라.'는 의도가 깔려 있다. 그런데 다짜고짜 그런 걸 왜 나한테 얘기하느냐고 되물으면 무안하기 짝이 없다. 처음부터 상대를 잘못 골랐든지, 아니면 내가 무시당하고 있는 것임에 분명하다.

귀찮아도 모르는 척하고 그냥 들어 주기만 해도 좋다. 크게 손해를 보지 않는다면 잠시 고개를 끄덕여 줘도 좋다. 그런데 요즘 세상은 그럴 여유가 없이 너무 각박하다. 나와 연관이 없는 일은 처음부터 귀찮아할 뿐 아니라, 공연히 남의 일에 끼어들었다가는 본의 아니게 곤란한 입장이 되는 경우가 있기에 처음부터 선을 확실히 긋는 것이다. 사회가 이렇다 보니 벽이 쌓이고 대화가 없어진다.

우리에게 필요한 것은 '그럴 왜 나한테 얘기하느냐?'고 다그치는 대신에 '무슨 이유인지 알아야겠어!'로 이해하려는 노력이다. 이유를 알고 싶다는 말은 언뜻 들으면 추궁하고 질책하는 것 같지만, 사실은 아직 당신에게 미련이 있다는 뜻을 내포하고 있다. 이해하려는 의향이 없으면 이유를 물어볼 필요가 없다. 일종의 결정 보류로 '변명도 좋고 속사정이라도 좋다. 나는 당신을 이해하고 싶다.'는 호감 표시로 봐야 한다. 억지 끼워 맞춤이나 거짓 변명은 상황을 더 악화시킬 뿐, 이런 때의 올바른 처신은 진솔하게 해명하는 것이다. 잘못된 상황이라도 본질에 악의가 없고 미리 의도한 경우가 아니었다면, 상대방도 이해할 여지가 있다. 이유가 없는 결말은 없다. 이유가 있었기에 그렇게 행동하고, 말을 한 것이기에 문제가 생긴 경우는 처음의 이유를 되돌아 봐야 한다. 첫 단추가 잘못 끼워졌는지, 과정에 문제가 있었는지, 상대방의 오해인지를 파악하고 엉킨 매듭을 풀어야 한다.

만물은 공동체로 존재한다. 식물도 그렇고, 동물도 그렇고 공동군을 형성하며 살아가는데, 유독 인간만은 서로를 부정하고 공동체 의식에서 멀어지려 한다. 서로 돌봐주고 보듬어 주며 '무슨 일이든 나한테 다 얘기해!' 하는 사회 풍조가 아쉽다.

선두의 함정

선두에 선다는 건 항상 매력이 있다. 선착순의 묘미도 비슷하다. 선착순 달리기를 할 때 1등의 달콤한 유혹에 빠져 온 힘을 다해 뛰어 보지만, 결과는 항상 2등, 3등으로 꼴찌를 한 것이나 마찬가지다. 오히려 처음부터 1등을 포기하고 중간쯤에 끼어 유유자적 따라가는 것이 훨씬 편하다. 선착순의 기본 원칙이 어차피 뛸 만큼 뛰면 그만두는 것이란 것을 알면 적당히 요령을 필 수 있다. 맨 앞에 서면 뒤에서 따라오는 사람 때문에 불안하고 초조하고 추월당하지 않으려 안간힘을 쓰다 보면 미리 탈진하기 십상이다.

선두주자가 되는 것을 꼭 인생의 목표로 삼을 필요는 없다. 선두가 선망의 대상인 것은 확실하나 인생의 목표로 삼기엔 잃는 것이 너무 많다. 그렇다고 맨 뒤꽁무니만 쫓아가다가는 낙오되기에 십상이다. 나의 인생 주관에 맞는 적당한 위치에 내 몸을 끼워 맞출 줄 알아야 한다. 그래도 가능한 한 선두그룹에 속하는 것이 앞뒤로 운신의 폭을 넓힐 수 있다는 장점이 있다.

본분에 충실한 사람은 절대 맨 앞줄에 나서려 하지 않는다. 본인이 원하지 않아도 남들이 추앙해서 앞에 세운다. 어쩌다 잡은 권력과 부에 안하무인 행세를 하다가 끈 떨어져 아무도 거들떠보지 않는 초라해진 모습을 흔히 볼 수 있다. 사회생활, 조직사회, 하다못해 가정 내에서도 내 몸을 끼워 넣을 자리를 정확히 파악하고 그 수준에 맞게 처신해야 한다. 강아지가 집안 식구의 서열을 파악해 행동한다는 그 지혜(?)를 배워야 할 듯하다.

자식에 대한 투자 = 부실보험

자녀 한 명을 대학까지 졸업시키는 데 3억 원이 든다고 한다. 둘이면 6억, 셋이면 9억이다. 자식에 대한 기본 투자금이 이처럼 어마어마하니 서민으로서 숨이 막힐 정도다. 출산율이 1.2도 안 되니 정부에선 애를 많이 낳으라고 출산보조금이다 교육보조금이다 선심성 정책 마련에 머리를 짜내고 있지만, 실제로 얼마나 효과가 있을지는 의문이다. 월급 가지고는 모자라 집 팔고 융자까지 얻어 대학을 졸업시켜 놨는데 취직도 안 되지, 어찌어찌 결혼은 시켰는데 생활비를 보태 줘야지, 손주도 봐줘야지, 사업하겠다면 퇴직금까지 줘야지, 이렇듯 죽을 때까지 자식에 대한 사후관리는 끝날 줄을 모른다. 빈껍데기만 남은 노후에 자녀들의 보살핌을 기대할 수 있는 세상도 아니다. 만약 재산을 갖고 있으면 자식들 사이에 분란만 일어난다. 유서는 대부분 재산분배와 관련된 내용이 많고, 정신적 유산을 유언에 남겼다는 얘기는 들어 보지 못했다. 죽기 전에 분란의 불씨가 되는 돈은 남기지 말고 다 써야 유서를 쓸 일이 없어진다.

우리나라의 법적 성인 나이는 19세다. 성인이라면 자기 앞가림을 할 수 있어야 하는데, 우리의 현실은 많이 동떨어져 있다. 때에 따라 어린 나이인데도 가족의 생계를 책임지는 대견스런 가장도 있긴 하지만, 대부분의 경우는 결혼할 때까지 부모의 그늘에 얹혀 산다. 결혼도 자기 혼자의 힘으로는 어렵고 부모의 도움을 받아야 가능한 게 현실이다. 매스컴과 인터넷의 영향으로 어린 나이에 모르는 것이 없으나, 혼자 세상을 헤쳐 나갈 능력이 거의 없다. 모두 현 부모 세대의 자업자득이다. 아이들을 그렇게 키웠고, 사회가 그렇게 만들었다. 자기 용돈은 자기가 벌어 쓰는 생존 의지를 일찌감치 박탈해 버린 결과다. 공부만 하라고 다그치며 우물 안 개구리처럼 감싸 키웠기 때문에 험한 세상에 나갈 준비가 안 돼 있는 것이다. 동물의 세계에선 새끼를 낳아 키우다 독립시킬 시기가 되면 매몰차게 품에서 떨쳐 버린다.

자식에 대한 투자는 많으면 많을수록 손실만 생기는 '부실보험' 딱지가 붙은 지 오래다. 평균수명은 80세가 넘었는데 자식을 담보로 투자한 원금은 부실보험, 부실펀드로 인해 마이너스통장을 써야 하는 현실은 심각하게 재정립해야 할 사회문제다. 선진국처럼 18세가 넘으면 집에서 내보내 독립된 삶을 살도록 하는 사회 분위기가 정착되길 기대해 본다. 최소한 대학을 졸업하고 나면 독립할 수 있는 사회로 만들어야 한다.

초심을 위한 주문, '정지!'

건방지다는 말은 초심을 잃었다는 뜻이다. 도를 넘어 만용 단계에서는 초심의 그림자조차 찾아보기 어렵다. 마음에서 '겸손과 배려'가 초심이라면, 몸에서는 '절제와 신중'이 초심이라고 할 수 있다. 몸도 마음도 주제넘은 건방을 떨다 보면 반드시 부작용이 생기고, 그로 인한 후폭풍을 맞는다. 마찬가지로 초심을 잃은 권력과 부는 언젠가는 쇠고랑을 차기 십상이다.

항상 봐 오는 이치인데 왜 되풀이되고 있을까? 현실적 타성을 답습하는 것이 편하기에 알면서도 바로 잡지 못하는 나약함은 인간이기에 어쩔 수 없는가 보다.

언뜻 자신을 돌아보며 초심은 어디로 갔는지, 어렸을 때 배운 대로 남을 배려하고 조심하던 신중함은 어디로 사라졌는지, 양심은 제대로 간직하고 있는지 자문해 본다.

누가 옆에서 큰소리로 '정지!' 하고 외쳐 주었으면 좋겠다. 엉뚱한 길로 가고 있지나 않은지, 위험 속으로 돌진하고 있지나 않은지, 잠재의식 속에 들어 있는 '정지'란 단어를 불러내 나 자신에게 '정지!'라고 외치고 싶다. 잠시 멈춰 서서 저 멀리 사라진 초심을 찾아 나를 원위치로 되돌려 놓고 싶다.

그런 것 같아요

요즘 사람들이 자연스레 쓰는 표현 중의 하나가 '그런 것 같아요.'라는 문장이다. 문장 마무리를 '~이다.', '~입니다.'로 하지 않고 '~같아요.'로 많이 한다. 예전에 이런 표현을 쓰면 어른들께 혼났다. '~같아요.'는 확신이 없을 때 남의 말을 하듯 쓰는 끝말 흐림 표현이기 때문이다.

사회 풍조가 정의도 점차 사라지고 상황에 따라 이랬다저랬다 하니, 똑 부러진 말을 했다가는 언제 화를 당할지 몰라 말끝을 흐리는 풍조가 만연해 있다. 잘못되면 '아니면 말고'라는 무책임한 세태도 이런 말이 통용되는 데 이바지하고 있다.

오히려 "이렇습니다.", "저렇습니다." 하고 똑 부러지게 말하면 건방져 보이기까지 한다. "그런 것 같아요."라고 말하는 것은 나의 결론은 없고 상대방에게 판단을 떠넘기는 표현이다.

판단이 확실한 것은 "그렇다.", "아니다."라고 얘기할 줄 알아야 한다.

이 세상의 수많은 경계선들

경계선은 사람을 무척 피곤하게 한다. 내 주위가 온통 경계선인데, 하나같이 수월한 게 없다. 문제가 될 만한 곳에는 반드시 경계선이 있다. 예를 들면 군사경계선, 교차로 정지선, 땅의 지번도 경계선으로 구분된다. 옛날 초등학생 시절엔 책상 중간에 줄을 긋고 짝과 경계선을 다투기도 했고, 운동장에 돌멩이로 줄을 그어놓고 '땅따먹기'란 놀이로 경계선을 넓히는 놀이도 했다. 집에서도 문틀이 방의 경계선 역할을 한다. 애들을 좀 키워 놨더니 사춘기라고 방문을 걸어 잠그고 부모와의 경계선을 확실히 한다. 주위에 온통 경계선 투성이니 오히려 없으면 불안하다. 평생 시달리는 시험도 합격과 불합격을 가르는 '학력 경계선'이다.

사고(思考)나 판단에도 경계선이 있고, 사랑에도 경계선이 있다. 그 밖에도 일상생활 속에 판단이 모호한 경계선이 수없이 많다. 잘못된 경계선을 넘었다 싶으면 바로 빠져나오는 용기와 결단이 필요하다. 되돌아 나올 때는 어느 정도의 부작용을 각오해야 하니, 감당이 안 되는 경계선은 절대 넘어서지 않도록 주의해야 한다.

물갈이를 해야 하는 이유

물이 썩는 이유는 흐름이 없기 때문이다. 들어온 물이 고이기만 하고 밖으로 배출되지 않으면 점점 썩어 간다. 들어온 만큼 내보내는 순환이 이루어져야 비로소 살아 있는 물이 된다.

받을 줄도, 줄 줄도 모르는 꽉 막힌 사람은 마음마저 썩어 간다. 술도 주거니 받거니 해야 맛이 나는데, 보낸 술잔이 한참을 기다려도 돌아오지 않으면 심기가 불편하다. 그런 사람이 앞에 있을 땐 아예 자작하는 것이 속 편하다.

나에게 들어온 것이 있으면 그만큼을 내보내야 한다. 내보내면 새로운 공간이 생겨 더 받아들일 수 있는 여력이 생기나 꽉 움켜쥐고 내놓지 않으려고 하면 근심 · 걱정이 떠나질 않는다.

마음도 주기적으로 물갈이를 해 줘야 신선한 바깥 마음을 받아들일 수 있다. 마음의 문을 꽁꽁 닫고 생각을 내보내지도, 받아들이지도 않는다면 속부터 썩는다. 물갈이하듯 가라앉은 생각을 쏟아 버리고 새로 받아들이면 마음이 정화된다.

코너킥의 요행을 바라기보다는

축구에서 '코너킥'이 없으면 보는 재미가 없다. 옆줄 밖으로 나간 공을 차는 '프리킥'도 있지만, 골문 옆줄에서 차는 코너킥만큼 다이내믹하지 않다. 유일하게 오프사이드 벌칙이 적용되지 않는 킥이 바로 코너킥으로 아무 제약이 없는 아주 자유스런 공격법이고, 골로 연결될 확률이 가장 높다.

코너킥을 얻기 위해선 상대 수비의 반칙을 유도해야 한다. 상대의 반칙을 통해서만 얻어지는 코너킥은 어찌 보면 비겁하고 얄미운 공격법이다.

인생에서 이렇게 흥미진진하고 입맛 당기는 코너킥 기회가 몇 번이나 있었는지 생각해 본다. 요행으로 얻었던 코너킥 기회를 과연 제대로 활용했는지, 혹시 코너킥을 얻고자 상대에게 반칙한 적은 없었는지도 되돌아본다. 아쉬움이 많다.

코너킥 요행을 바라기보다는 연장전에서 기회를 노려 보는 것이 정당한 인생살이가 아닐까 생각한다.

너무나도 어려운 맥락 짚기

뭔가 고민이 있는데 도저히 풀리지 않아 해답을 얻기가 어려울 때도 있다. 혼자서 못 푸는 고민을 누군가가 맥락을 짚어 주면, 그 어렵던 문제도 술술 풀린다.

지나고 보면 대부분 고민거리가 별것 아니었음을 자주 경험한다. 그 당시에는 죽어 버리고 싶을 정도로 앞이 캄캄했으나 지나고 보면 아무것도 아님을 알게 된다. '그땐 왜 그렇게 심각했지?' 사소한 일이었다는 것을 알고 나면 민망하기까지 하다. 다름 아닌 맥락을 짚을 줄 몰랐기 때문이다.

일하다 보면 난감한 경우가 많다. 대인관계도 어렵고, 일도 잘 안 풀릴 때 누군가와 대화를 하다 보면 저절로 답을 찾게 된다. 사실은 내 머릿속에 해답이 다 들어 있는데 외골수로만 생각하니 실마리를 못 끌어내고 있는 것이다. 대화하면서 자기의 생각도 재정립하고, 남의 조언도 참고하고, 그러다 보면 깔끔하게 정리되는 경우가 많다.

맥락을 짚어 줄 수 있는 혜안을 가진 사람을 '정신적 멘토'로 삼을 수 있다면 삶이 훨씬 수월해질 것이다.

참맛이 느껴지는 사람

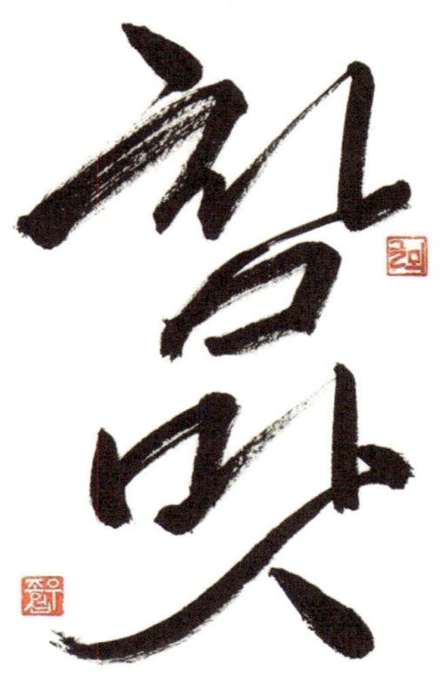

사람을 평할 때 하는 말 가운데 '그 사람 참 밥맛없는 사람'이란 말이 있다. 이는 혹평 중의 혹평이다.

혓바닥에서 느끼는 미각에는 단맛, 쓴맛, 신맛, 짠맛의 네 가지가 있다. 사람에게서도 이런 네 가지 맛이 풍긴다. 단맛이 느껴지는 사람은 같이 있는 시간이 달콤해 매력이 있지만 오래 접하면 물린다. 쓴맛인 사람은 다시 만나고 싶지도 않고 헤어질 때 씁쓸한 뒷맛을 남긴다. 신맛인 사람은 시큼 떨떠름한 맛이 나 별로다. 짠맛인 사람은 처음엔 간간해 좋아 보이지만 시간이 지날수록 쓴맛이 강해 멀리하게 된다.

사람에서 느껴지는 최고의 맛은 뭐니 뭐니 해도 '참맛'이다. '참맛'이 느껴지는 사람은 장작불로 푹 곤 곰탕 진국 맛이 풍긴다. 오래도록 머릿속에 남아 기분 좋게 해 주는 사람, '참맛'인 사람은 인간적 풍미가 더해져 또 보고 싶어진다.

인생의 복불복(福不福)

복불복(福不福), 복이 되기도 하고 불복, 즉 복이 안 되기도 한다는 뜻이다. 어찌 보면 세상살이가 모두 '복불복'이 아닌가 싶다. 누구는 부모 잘 둔 덕에 태어나자마자 부와 행복을 누리고 살고, 누구는 가난한 집에서 태어나 평생을 가난에 허덕이며 불행하게 산다. 부잣집에 태어난 복, 어쩌다 줄을 잘 잡아 파격 승진과 명예를 거머쥔 행운, 800만 분의 1이라는 복권에 당첨된 기적, 이 모두가 인생의 복불복이다.

예약이 취소되어 못 탄 비행기가 추락한 경우, 만원이라고 못 탄 배가 전복된 경우, 방금 지나온 도로에서 일어난 추돌사고, 바람에 날린 간판이 머리칼만 스친 행운. 이 모든 게 수없이 많은 복불복 한가운데에 사는 일상이다. 아슬아슬하고 위태로운 위험을 피하며 사는 일상의 삶, 그 속에서 위험이 나를 피해 간 행운에 감사한다. 나의 의지와 상관없이 찾아오는 복불복은 인간이 운명으로 받아들일 수밖에 없는 절대자의 마술봉 같다. 복만 들어오는 복불복을 바라는 건 너무 허황한 꿈일까?

▶ 외국에서 시차로 위험이 비켜 간 경험이 있다. 인도 뭄바이에 출장을 갔을 때 타지마할 호텔 근처에서 총격전과 폭탄 테러가 발생했는데, 귀국하고 바로 며칠 후에 일어난 사건이었다. 기념사진

인도 뭄바이 테러
[2008.11]

인도네시아 족자카르타 머라피 화산 폭발
[2010.11]

을 찍었던 그 장소에서 총격으로 여러 사람이 사망한 기사를 보고는 섬뜩했다. 또 한 번은 인도네시아 족자카르타에 갔을 때 머라피산을 산책했었는데, 귀국 후 얼마 후에 화산이 폭발해 그 당시 만났던 족장과 주민이 몰사했다. 만약 내가 거기 있을 때 화산이 터졌다면? 생각만 해도 아찔한 복불복 상황이었다.

▶ 복불복 행운의 대표적인 사례가 재벌 집에서 태어난 것이다. 재벌 자녀는 취업난 하고는 전혀 관련 없이 장래가 보장되어 있다. 30대 그룹 총수 일가의 자녀를 조사해 봤더니 대졸 신입사원이라면 22년이 걸리는 임원을 단 3년 만에 오른다고 한다. 일반 사람은 아무리 실력을 갖추고 있어도 취직하기가 하늘의 별 따기인 세상인데, 재벌 집 자녀는 과장이 되고, 부장이 되고, 임원이 되더니 어느새 기업을 인계받는다. 기업이 성공하기까지 최고경영자의 능력도 물론 중요하겠지만, 종업원의 노력과 일반 국민의 지원이 있었기에 가능한 것인데, 과연 그 자녀가 어떤 공헌을 했는지

는 생각해 볼 일이다.

▶ 충분한 실력을 갖추고 명석한 두뇌를 가진 젊은이가 투정을 부려 본다. '나도 누가 끌어 주기만 하면 누구보다 잘할 수 있는데…….' 사회 전반이 학벌, 지역, 인맥으로 얽혀 자수성가라는 단어가 기적처럼 들린다. '나도 할 수 있는데, 왜 안 끌어 주는 거야?' 하고 없는 복을 한탄해 보지만, 일정 선을 넘지 못하는 한계는 어쩔 수 없다. 그렇다고 불평과 불만에만 빠져 있어서는 아무것도 이룰 수 없고, 고립된 신념만으론 결코 성공할 수 없다. 주변 여건과 눈에 안 보이는 배경이 세상을 좌지우지한다는 현실을 직시하고 이에 적응해야 한다. 좌절하고 방황만 하다 보면 점점 도태돼 자멸하고 만다. 빨리 자기에 맞는 자리를 찾는 것이 바람직하며, 그 자리에서 차분히 진전과 성과를 이루어 자기만의 세계를 만들어 가야 한다. 내가 속한 울타리에서 보람을 느끼면 그것이 바로 행복이고 만족한 삶이다.

불복(不福)을 복으로 전환하고, 만병의 근원인 욕심을 버리고, 긍정적인 사고로 자신을 가꾸는 방법을 터득해야 행복한 삶을 누릴 수 있다.

부채 도사의 코미디 같은 사회

오래전 코미디 프로에 부채 도사가 나왔던 장면이 떠오른다. 점치러 온 사람에게 부채가 어느 쪽으로 넘어지느냐 따라 '그렇다', '아니다'를 판정하는 설정이 재미있었다.

공학 분야에선 계산 결과가 명확해야 하나, 인문사회 분야는 답이 철학적인 경우가 많고, 정치사회 분야는 모호할수록 정답에 가깝다. 예술 분야는 정답을 판정할 잣대조차 없다. 공학을 제외한 다른 분야에선 정답이 시대와 사회 분위기에 따라 부채 도사의 부채처럼 이리저리 제멋대로 넘어간다.

옳고 그름의 판단이 인간의 지식과 경험에 따르다 보니 사람마다 정답이 다를 수밖에 없고 골치 아픈 사안이 나오면 투표로 결정하기도 하고, 그도 저도 안 통하면 강압적 명령으로 집행하기도 한다. 사회가 부채 도사의 코미디 같이 느껴지는 경우가 자주 있다. 저래도 되는 건지. 저런 사람이 어찌 지도층 행세를 하는지 이해가 안 간다.

내 머릿속도 '부채점'처럼 혼란스러울 때가 있다. 어떤 땐 이게 맞는 것 같고, 어떤 땐 저게 맞는 것 같고, 좋아했던 사람이 갑자기 싫어지기도 하고, 아군이었던 사람이 갑자기 적군이 되기도 한다.

부채 도사의 역할을 어린아이에게 맡기면 재미있을 것 같다. 좋으면 마냥 웃고, 마음에 안 들면 펑펑 울고, 그러다 언제 그랬냐는 듯 다른 짓 하고, 변덕이 죽 끓듯 하겠지만 그런 행동이 가장 솔직한 표현이지 않을까. 어린아이의 순수함으로 부채점을 치는 것이 어찌 보면 정답에 가까울 수 있다.

어떻든 돌팔이 부채 도사라도 '인생은 허무하다.'라는 점괘는 뽑아낼 수 있지 않을까?

우주 인벤토리 안의 인간이란

'인벤토리(inventory)'는 재고(在庫) 또는 총량(總量)을 뜻하는 단어다. 물리학의 에너지보존의 법칙(열역학 제1 법칙)은 '모든 에너지는 더 생기지도 사라지지도 않는다.'는 원칙을 정의했다. 그러기에 우주의 에너지 총합도 변하지 않는다고 봐야 한다.

자동차의 구성품도 알고 보면 땅속에 있는 원소로 만들어졌고, 우리가 사용하는 공산품, 의약품 등 수많은 물건도 땅속으로부터 나왔다. 땅에 있던 것이 잠시 지구 표면으로 올라와 문명의 이기로 활용되는 것이다. 요점은 모든 문명은 지구 속에 있는 '인벤토리'를 잠시 활용하는 것이지, 새로 창조되는 것이 아니라는 것이다.

생명의 탄생과 소멸도 우주 인벤토리 내에서 운용되는 것이므로 결국 다시 흙으로 돌아간다. 혼(魂) 역시 우주 속에 존재하는 하나의 에너지일 것이다. 흙, 공기, 물, 동식물, 인간 등 모든 만물도 우주의 '인벤토리' 안에서 생겼다 사라졌다 하는 과정을 반복한다.

우주 인벤토리에 있는 요소들이 서로 결합했다 소멸했다 하면서 동물이 되기도 하고, 식물이 되기도 하고. 생물 또는 무생물로 자유자재로 이동하고 있다. 인간의 범주에 들면 남자가 되기도 하고, 여자가 되기도 하며, 선량한 사람이 되기도 하고, 몹쓸 범죄

자가 되기도 하고, 선남선녀가 되기도 하고, 추남 추녀가 되기도 한다.

인간이 우주 속에 찰나의 시간 동안 있다가 사라지는 하찮은 생명에 불과하고, 윤회사상대로라면 죽어서 우주 인벤토리 속 어딘가에 있다가 다른 생명으로 태어날 것이다. 그렇게 보면 너나 나나 우주 속에 있는 하나의 개체에 불과하며, 운명은 언제든지 뒤바뀔 수 있는 것이다.

자신을 뒤돌아볼 여유, 렛 잇 비Let it be

〈Let it be!(순리에 따르라!)〉는 비틀스 멤버인 '폴 매카트니'가 1968년 비틀스 해체 위기에 처해 정신적 방황을 하고 있을 때, 돌아가신 어머니가 꿈속에서 나타나 준 계시로 탄생한 노래다. 어머니가 준 메시지는 "세상사를 순리에 맡겨라."라는 한마디였다. 폴 매카트니는 힘든 상황에서 그 꿈이 구원의 메시지라 생각하고 살았다고 한다. "세상일과 싸우지 말고 그저 세상의 흐름과 같이 하라. 그러면 모든 것이 잘 풀릴 테니." 어머니 꿈을 꾼 직후 연인 린다를 만났고, 불후의 명곡 〈Let it be〉가 만들어졌다. 이 곡에 화음을 넣은 목소리의 주인공이 바로 행운을 가져다준 연인 린다라고 한다. 꿈속에서의 계시가 인생의 진리를 일깨워 주었을 뿐 아니라, 인생의 동반자인 연인도 얻고 불멸의 히트곡을 탄생시킨 계기가 됐다.

세상은 나 하나 없어도 순조롭게 흘러간다. 세상사 중에 사소한 역할 하나를 하다 연기처럼 사라지는 것이 인생이다. 그런데 세상이 하도 각박하다 보니 그런 역할마저도 쓸모없다고 느낄 때가 많다. 인류의 진화는 무궁한 세월 속에 동굴의 석순이 자라듯 오랫동안 조금씩 진행된 것이지, 하루아침에 몇 사람의 반짝 아이디어로 이루어진 것이 결코 아니다. 그러기에 모든 이의 역할을 존중해 주어야 한다.

요즘 젊은이들 사이에 자살 사이트가 인기고, 가끔 이를 행동으로 옮기는 철부지가 있어 주위를 안타깝게 한다. 본인에겐 헤어날 길 없이 캄캄해 보이는 세상도 잠깐의 'Let it be'를 통해 냉철함을 되찾을 수 있다. 'Let it be'는 사색의 시간을 만들어 자신을 뒤돌아볼 여유를 준다. 외골수 선입견을 실은 괴물열차를 잠시 세워 궤도를 수정하고 행복한 관광 열차로 탈바꿈시키려는 노력을 기울여야 한다. 똑같은 상황이라도 생각에 따라 행복할 수도 있고 불행할 수도 있다. 이때 세상사 순리를 판단 기준으로 삼고, 방관이 아닌 논리적 사고에 'Let it be' 요소를 첨가해야 한다. 물은 위에서 아래로 흐르고 가파르면 빨리 흐르고, 완만하면 천천히 흐른다. 아무리 고차원 함수를 써도 흐르는 물을 수식화해서 해석할 수 없다. 내 눈에 비친 자연현상은 복잡하게 생각할 필요 없이 있는 그대로 받아들이면 된다.

자연이든 인간이든 지니고 있는 본성과 속성은 그대로 놔둬야 한다. 있는 그대로 'Let it be!' 순리에 따르면 마음이 편안해진다.

어차피 하는 후회라면

어느 정도 인생을 산 사람을 대상으로 후회에 대하여 심리조사를 했다. "일생을 살면서 후회하는 경우가 많은데, 당신은 어떤 경우가 가장 후회되느냐?"라는 질문에 답은 다음의 두 가지 유형으로 정리됐다.

– 행동(조치)하지 않아서 후회한다.
– 행동하고 나서 후회한다.

두 가지 유형 중 '행동하지 않아 후회되는 경우'가 '행동하고 나서 후회하는 경우'보다 훨씬 많았다고 한다. 흔히 하는 얘기로 '결혼은 해도 후회, 안 해도 후회이니 이왕이면 해 보고 후회하는 것이 좋지 않겠느냐'는 비유와 같다.

항상 후회로 일관하는 것이 인생이 아닌가 싶다. 무엇을 하든 만족스럽지 못하고 '그때 그렇게 했으면 더 좋았을 걸…….' 하고 후회한다. 지나간 '~걸' 논리는 아무 의미가 없다. 현실과 동떨어진 허황한 '~걸'은 이미 흘러간 과거에 불과하다.

마음먹었을 때 실행에 옮기는 것이 결과가 어떻게 되든 최고의 선택이다. 어차피 후회하는 인생, 그래도 저질러 보고 후회하는 편이 낫지 않을까?

돌팔이 권력자

권력은 남을 강제로 복종시키는 권리와 힘이다. 즉, 내 말을 남들이 잘 따르도록 하는 힘, 내 말 한마디에 다른 사람의 운명도 좌지우지할 수 있고, 무엇이든 원하는 것을 할 힘을 뜻한다.

옛날 왕처럼 "저놈을 당장 하옥하라!" 하면 바로 집행되는 힘, 즉 말이 곧 법인 힘이 가장 완벽한 권력이다. 그러나 집행하는 사람에 따라 폭군이 되기도 하고 명군이 되기도 한다. 권력을 가진 사람에게는 매력적일 수 있겠으나, 당하는 사람의 처지에서 보면 대단히 기분 나쁜 단어다.

권력자는 남에게서 무엇인가를 빼앗아야 힘이 유지되고 자기만족을 얻는다. 권력자는 모든 것이 '내 손안에 있소이다!'가 돼야 만족한다. 권력의 손아귀에 갇혀 꼼짝없이 쥐어짜지는 형국을 상상해 보면 두려움에 치가 떨린다. 권력자는 상대방의 입장을 헤아릴 줄 알아야 하지만 대부분은 그런 것을 모르는 독재자가 많다. 권력을 갖고 있어도 남이 따르지 않으면 달밤에 혼자 칼춤을 추는 폭군에 불과하다. '권불십년(權不十年)'이란 말이 있듯이 기세등등한 권세도 오래가지 못하는 것을 보면, 권력이 허무하다는 것은 고금을 통해 입증됐다.

원래 권력은 원시 모계사회에서는 여자에게 있었다. 여자가 종족 관리 능력을 갖추고 있었으니, 당연히 가족의 중심이 되며 주권을 가졌다. 그러나 가족을 돌보며 통치까지 하려니 둘 다 만족할 수 없어 결국 권력을 남자에게 넘긴 것이다. 남자가 권력을 장악하고 나서 날뛰기 시작했다. 자기들끼리 힘겨루기를 하다 죽기도 하고, 스트레스를 많이 받아 병도 생기고, 바깥 생활이 많다 보니 위험에 노출되는 경우가 많아 결국엔 제 수명을 다 누리지 못한다. 지금도 그런 생존경쟁이 계속되고 있다. 태초에 이미 여자가 쓸모없다고 버린 것이 권력인데, 남자들은 그걸 붙잡으려 혈안이다. 권력을 제대로 행사하려면 상대방으로부터 존경받는 인품을 갖추고 있어야 한다. 돌팔이 권력자는 사회의 악이며 두려운 존재일 뿐이다.

못생겼지만, 맛은 좋은 아귀, 가끔 술안주 또는 속풀이 해장국으로 먹는 생선이다. 예전엔 흉측스러워 그물에 걸리면 재수 없다고 내던졌다는데, 지금은 귀한 대접을 받는 생선이 됐다. 아귀(餓鬼-굶주린 귀신)는 생전에 너무 탐욕스러워, 죽어서 굶주림의 형벌을 받은 귀신이다. 큰 입으로 먹이를 마구 삼키지만, 목구멍이 작아 제대로 넘기질 못하니 늘 허기져 있다. 아귀의 먹는 습성은 탐욕스런 사람과 유사하다. 먹지도 못할 건데 온갖 것을 삼킨다. 남에게 몹쓸 짓도 마다치 않고 내 뱃속만 채우려 이것저것 마구 집어삼킨다. 무턱대고 삼켜 대다 보니 가시가 목을 찌르기도 하고 체하기도 한다. 그 가시가 자기 생명을 앗아가는 줄도 모르고 게걸스레 집어삼키는 모습은 볼썽사납다. 검찰청 앞 포토존에 멋쩍게 서 있는 사람들, 그들 중엔 권력을 휘두르며 아귀같이 탐욕에 빠졌던 사람이 많다. 권력과 탐욕에는 파멸로 이르게 하는 악마의 코드가 숨겨져 있다.

가장 절대적인 권력을 집행할 수 있는 이는 조물주와 자연인데, 어마어마한 힘을 갖고 있어도 권력 행사를 하지 않고 인간에게 다 내준다. 자연에 대들 만한 힘을 가진 인간은 존재하지 않는다. 조그만 힘을 가졌다고 나대는 인간은 자연에서 겸손을 배워야 할 것이다.

실효적 지배, 그 위력

독도는 우리가 실효적 지배를 하고 있다. 주권국가의 영토지배권에 대해 타국으로부터 동의나 인정을 받을 필요가 없는데, 일본이 독도 문제를 국제사법재판소에서 해결하자고 억지를 부린다. 국어사전에 보면 '실효적 지배'란 '국가가 토지를 유효하게 점유하고 구체적으로 통치하여 지배권을 확립하는 것'이라고 정의하고 있다.

실효적 지배는 정치 · 경제 · 사회 · 직장 · 가정 어느 곳에서도 적용된다. 가정에서 실효적 지배권을 누가 갖느냐는 목적에 따라, 즉 생활의 주도권을 가질 건지, 돈을 관리할 것인지, 이도 저도 아닌 돈만 벌어다 주고 모든 일을 일임할 건지에 따라 달라지지만, 시간이 흐르면서 여성이 두 가지를 다 거머쥔다. 요즘 대부분 남자는 월급을 집에 갖다 주고 용돈을 받아 생활하며 실효적 지배권을 가진 경우는 드물다.

여성이 가정에서 힘을 키워 가는 과정은 여러 단계를 거친다. 1단계는 결혼하자마자 동등권을 주장하며 말발을 세우는 시기이고, 2단계에서는 출산 후 아이를 키우며 아줌마 그룹으로 들어가며 성격이 과격해지고 목소리도 커진다. 새색시 때의 수줍고 순종적인 모습은 사라지고, 말투와 행동이 남자처럼 거칠어진다. 아이를 키우고 가정을 보호하려면 강해질 수밖에 없는 환경이다. 3단계에서는 노후에 손주들을 돌보며 확실한 존재감을 나타내면서 주도권을 유지한다.

단계가 오를 때마다 역할이 커지며 지배권이 상승한다. 남자는 이럴 때마다 조심해야지, 잘못하다가는 돈 벌어다 주느라 고생만 실컷 하고 결국엔 쫓겨나는 불상사가 생길 수 있다. 가정에선 실효적 지배를 당하는 쪽에 서는 것이 어찌 보면 속 편하다.

정치에서 선불리 앞에 나섰다가 희생양이 되는 사람이 많다. 뒤에서 실효적 지배를 하는 사람에게 좌지우지되다 보니 허울뿐이지 실속도 못 챙기고 결국엔 '토사구팽'당한다. 사회 곳곳에서도 실효적 지배자가 누군지도 모르고 공연히 헛발질만 하는 경우를 자주 본다. 실력도 없는 사람끼리 뒤에서 이러쿵저러쿵하는 것은 시간 낭비일 뿐, 실효적 지배능력이 없으면 가만히 있는 것이 현명하다.

전갈의 독毒을 통해 배우는 지혜

일반적으로 수명은 남성이 여성보다 짧다. 이런 현상은 인간뿐 아니라 동물의 세계에서도 마찬가지다. 수컷의 수명이 짧은 이유가 기생충, 병원균 등 기생생물에 감염될 확률이 높기 때문이라고 한다. 330여 종의 포유동물에 대해 감염과 수명을 조사했더니 수컷이 암컷보다 훨씬 더 감염확률이 높으며, 이는 수명과 관련이 있다고 한다.

인간을 대상으로 한 조사에서도 남성이 여성보다 병원균의 감염에 의한 사망 확률이 2배나 많았다고 한다. 특히 저개발국가에서는 4배에 달한다고 한다. 이런 현상은 남성이 위생관념이 없어서라기보다는 모험심이 커 위험에 노출되는 상황이 많고, 스트레스도 많이 받고, 게다가 남성 호르몬인 테스토스테론이 면역 기능을 저하해 병에 걸릴 확률이 높다는 것에 기인한다. 따라서 수명만 갖고 따지면 남성은 여성보다 여러 조건에서 불리할 수밖에 없다.

수컷이 암컷을 차지하려면 힘이 세야 하고, 그러자니 이것저것 많이 먹어야 하고, 이에 따라 기생충에 감염될 확률이 높다. 체중이 많이 나가고 표면적이 커서 모기 등 흡혈 곤충의 표적이 되기 쉽고, 자기 종족을 퍼뜨리려 힘을 많이 쓰다 보니 면역시스템이

약화하여 병에 잘 걸린다. 참 아이러니가 아닐 수 없다. 힘세고 덩치가 커서 위험 요소가 적을 것 같은데 하찮은 기생충에 약하다니 말이다. 힘없고 나약해 보이는 사람, 잔병치레가 잦은 사람은 급사하는 경우가 거의 없지만, 건강에 자신 있고 힘이 넘치는 장골은 갑자기 사망하는 경우가 자주 있다.

사막 전갈의 크기는 10cm밖에 안 되지만 그 독은 치명적이다. 전갈은 상대에 따라 독의 양을 달리 쓴다고 한다. 상대가 크면 센 독을 쓰고, 상대가 약하면 적당히 약한 독을 쓴다. 무턱대고 센 무기를 쓰질 않고 상대에 따라 강약을 조절한다니 현명한 처신이다. 상대를 배려하는 것은 아닐 테고, 자기가 소비할 힘을 조절할 줄 안다는 얘기다. 강한 독을 만들려면 힘이 많이 드니 에너지 효율 측면에서, 또 사용 목적에 따라 양을 달리하는 것이다. 치명적인 독은 100가지 이상의 단백질로 구성된 복잡한 물질로 이루어져 있어, 해독제를 만들기도 어렵다고 한다.

독의 또 다른 용도는 짝짓기 할 때 암컷이 반항하지 못하도록 최음제로 쓴다는 것이다. 공격할 땐 살상용으로, 사랑할 땐 최음제로 쓴다니 절묘한 무기임에 틀림없다.

힘으로 약한 사람을 괴롭히고 우월감을 즐기는 속물 인간이 주위에 많다. 아무리 약한 독일지라도 당하는 사람에게는 치명적일 수 있다는 점을 배려하지 못한 몰염치한 행동이다. 센 독과 약한 독을 상황에 따라 적절히 사용하는 전갈의 지혜를 배워야 한다.

인내와 인격

무조건 우기고 싸워야 뭔가 실속을 챙기는 세상이다. 비행기 표를 구하지 못해 발을 동동 구르고 있는데, 창구에서 큰소리로 대판 싸운 사람은 표를 얻었다. 점잖게 기다리던 사람은 '기다려 보라'는 대답만 믿고 발길을 돌린다. 기다린 사람은 이틀 후에야 겨우 표를 구했으니 이틀간의 인내로 인격은 지킨 셈이다. 앞에서 싸우고 표를 얻은 사람은 목적을 달성했을지 몰라도 여러 사람에게서 욕을 먹고, 창구직원에게는 다시는 상종하지 못할 인간으로 치부됐다.

울릉도에 갔다가 태풍에 갇혀 2박 3일 여행이 7박 8일이 됐다. 여행객들은 나갈 수도 없고 들어오는 사람도 없으니 똑같은 사람과 지겹도록 마주친다. 울릉도의 하늘은 맑고 날씨가 좋아도 먼 바다의 파도가 잦아들지 않으면 배가 안 뜬다. 드디어 8일 만에 배가 들어왔다. 부리나케 선착장 매표소로 달려갔더니 뜻밖에 질서정연하다. 이유를 알고 보니 무조건 들어온 순서대로 나간다는 원칙이 있었다. 급하다고 먼저 나가는 예외가 없으니, 모두가 그 원칙을 따르며 차분히 기다리는 것이었다.

위의 두 경우에서 보듯 후자의 질서정연한 모습이 바람직한 사회상이다. 무조건 불만을 표출하고 대들어야 무언가 얻는 것이 생긴다는 사회 풍조가 문제다. 원칙대로 법과 윤리 도덕, 체면을 지키며 살려면 인내심이 요구된다. 모두가 원칙을 지키면 공평한데, 억지 부리는 사람이 이득을 가로채는 경우가 있으니 불공평하다. 가끔 인내심으로 자존심을 지켜야 하는 현실과 마주할 때면 답답함을 금할 수 없다.

공감할 수 있는 '지속 가능'의 활용 범위

'지속 가능(sustainable)'. 알 듯하면서도 언뜻 이해가 잘 안 가는 단어다. 뜻이 모호할수록 대중에게 인기가 있으니까 요즘엔 '지속 가능한 경영', '지속 가능한 사회', '지속 가능한 과학', 심지어 부서이름에도 '지속 가능 개발부' 같이 듣도 모를 의미를 붙인다.

'지속 가능'이란 말을 의미 있는 곳에 붙여 보자.

먼저 '지속 가능한 사랑'이란 영원한 사랑을 의미한다. 섬광처럼 한순간에 타 버리고 소멸하는 사랑이 아닌, 화려하진 않지만 오래도록 따스함을 전해 주는 은근한 사랑이다.

그리고 '지속 가능한 사람'이란 인간미가 있는 사람이다. 오래도록 만나고 싶고, 멀리 있어도 풋풋한 미소가 떠오르는 사람이다.

'지속 가능한 신체'는 건강한 몸을 의미한다. 병 없이 건강한 몸은 건강한 마음을 뒷받침한다. 내 몸과 마음이 건강해야 세상의 모든 것이 '지속 가능'하다.

이처럼 '지속 가능'이란 공감할 수 있는 환경이 바탕이 되고 보편타당성이 있어야만 의미가 있는 단어가 된다.

버려야 얻는 것

그 사람은 정말 부럽다. 위험을 마다하지 않고 항상 선두에 나서고, 아무리 어려운 상황이 닥쳐도 헤쳐 나갈 자신감이 넘치며 믿음직스러워 완벽해 보이는 사람이다. 생김새, 체격, 인품, 적극성, 리더십, 명석함 등 바람직한 능력을 모두 갖췄다. 그런데 그 사람은 사회에서 크게 인정을 못 받고, 지도자 위치에 있지도 않고 평범하게 살고 있다.

그의 독백은 이렇다. "별 볼 일 없는 집안, 학연에, 인맥도 신통치 않다. 운도 안 따르고, 누가 끌어 주는 사람도 없고, 갇힌 사회에 답답함을 느낀다." 그는 자신만만한데 사회가 인정해 주질 않으니 '우물 안 개구리'라고 신세 한탄만 한다.

그는 체념하고 달리 만족을 얻는 방법을 찾기로 한다. 자기 자신을 대견해하고 사랑하기로 한 것이다. 허황한 꿈과 막연한 기대는 훌훌 떨쳐 버리고, 현실적인 세계를 만들기로 했다. 그때부터 가까이에 있던 자신의 세계에 안겨 행복을 느낀다.

이 세상에는 되는 일보다 안 되는 일이 더 많다. 바라는 게 많으면 안 되는 일이 많으니, 역설적으로 바라는 게 없다면 안 될 일이 없고 욕심을 버리면 되는 일이 더 많다. 최소한의 것만 바라고 나머지는 남의 것으로 여기고, 되도 그만 안 되도 그만이라 생각하면 마음이 편하다.

'난 뭐든 다 잘되네!' 자기 최면을 걸어 본다. 안 될 일을 훌훌 털어 버리고 나면 되는 일만 남으니 만족한다.

인생살이에도 황금비율이 있다?

선을 두 부분으로 나눌 때, 긴 부분과 짧은 부분의 비(比)가 1대 1.618일 때가 가장 조화로운 황금비로 본다. 이런 기하학적 황금비율은 예술분야, 특히 건축과 미술뿐 아니라 일상용품에도 많이 응용된다. 피라미드, 비너스상, TV, 신용카드 등이 그러한 예다.

피보나치수열(1, 2, 3, 5, 8, 13, …)은 앞의 두 숫자의 합이 다음 수가 되는 조합인데 앞뒤 수의 비가 황금비율인 1대 1.6에 근접한다. 이 수열은 자연계에서 나타나는 소용돌이, 패각류 무늬, 해바라기 꽃씨, 솔방울 씨, 국화 꽃잎 등의 배열에서 찾을 수 있다.

사람에게도 황금비율이 적용된다. 황금비율 1대 1.6을 백분율로 계산하면 약 38대 62다. 가장 아름다운 몸매인 비너스상은 허리를 기준으로 상체와 하체의 비율이 이 황금비율에 따른다. 몸매뿐 아니라 얼굴도 황금비율과 맞아야 미인이라고 한다.

인생살이에서도 황금비율을 적용하며 살면 좋을 것 같다. 힘을 쓸 때 100% 다 쓰지 말고 이 비율대로 62%만 쓰고 38%는 남겨 두는 것이다. 남에게 마음을 줄 때도 황금비율을 적용해 어느 정도를 남겨 두면 배신당하거나 실연당했을 때 좌절을 극복하기 쉽다. 일하면서 온 힘을 쏟아부었는데도 실패하면 허탈감과 함께 회복의 의지마저 잃는다.

세간에 흔히 하는 말인 '최선을 다해라'는 말은 너무 피상적이고 직설적이다. 이 말만 믿고 무슨 일에나 총력을 기울이다 좌절하면 진이 빠져 재활하기 어렵다. 능력의 62%만 써서 최고의 성과를 얻는 '능력 활용 포트폴리오'를 기획하라는 말로 바꾸면 어떨까 생각해 본다.

Z 가만히 삶을 반추하다

'아차, 아차' 아차 인생

생활 자체가 '아차'의 연속이다. 자동차 운전은 내가 아무리 잘해도 절반은 상대 운전자와 외부 사건에 따라 변수가 생긴다. 30년 넘는 운전경력에도 아차 하는 경우가 비일비재한 이유다.

인생의 아차 사례도 셀 수 없이 많다. 잉태 순간부터 출생해서 성인이 되어 가는 과정 자체가 아차 상황을 요리조리 피해 가며 사는 삶이다. 인생의 중요 단계마다 선택의 기회가 주어지지만, 신중히 선택했다고 한 것도 아차 하고 후회되는 경우가 많다. 살아 움직이는 생명체에게 아차는 바로 생존 그 자체이다.

하느님의 아차 사례도 부지기수로 많다.
'왜 남들처럼 멋진 외모를 안 주셨나요?'
'왜 부유한 집에 점지해 주지 않으셨나요?'
'왜 명석한 두뇌를 주는 걸 등한히 하셨나요?'
'왜 복권 당첨의 행운은 제겐 오지 않나요?'

남들이 모두 나보다 우월해 보인다. 그렇다고 하느님의 아차 실수를 항의할 방법이 없으니 어쩔 수 없이 내가 감수해야 한다.

'아차, 아차' 하며 사는 것이 인생이고 '아차'를 극복하며 사는 것도 인생이다.

공간을 즐기는 방법

"젊어선 시간을 즐기고, 나이 들어선 공간을 즐겨라." 공감이 가는 말이다.

젊어선 시간 여유가 없어 하고 싶은 것도 모두 장래로 미루다가 나이 들어 시간 여유가 생겼지만, 그땐 제대로 쓰는 방법을 몰라 허송세월하기 일쑤다. 불러 주는 사람도 없고, 그렇다고 아무 곳이나 헤매고 다닐 수도 없고, 혼자서는 놀 줄도 모른다. 주어진 시간은 많고, 간섭하는 사람 없고, 마음의 공간도 넉넉하지만, 인생을 즐기는 방법을 모른다.

공간을 즐길 줄 알아야 한다는 말은 내가 하고 싶고, 잘할 수 있고, 재미를 느낄 수 있는 나만의 마당을 가져야 한다는 뜻이고, 더불어 같이 즐기고 대화할 상대가 있으면 금상첨화일 것이다.

우선 나의 공간에 대한 정의가 필요하다. 내 공간에는 가족이 있고, 친구가 있고, 학교동창, 동호회, 선후배 등 그동안 살아오며 엮인 사람이 많다. 누구와 어떤 놀이로 공간을 채워야 할지 곰곰이 생각해 봐도 결국엔 '묵은 사람'과 '묵은 놀이'밖에 떠오르지 않는다. 오래된 사람과 오래된 취미만이 자연스럽고, 몸에 편하고, 부담이 적다. 낯선 사람을 새로 사귀고, 생소한 취미를 습득하려면 극복할 것이 많고 부작용도 따른다.

공간을 즐기려면 몸에 맞는 오래 묵은 취미를 되살리는 한편, 마음에 맞는 사람과 즐거운 시간을 공유하는 것이 제일 나은 방법이라고 생각한다.

장수의 비결, 자연인 되기

인간은 누구나 오래 살고 싶어 한다. “사는 게 고통스럽다.”, “죽겠다.” 하면서도 실제 죽음 앞에선 슬쩍 한발 뺀다. ‘죽겠다.’는 말은 삶의 불평불만을 엄살로 표현한 것일 뿐이다.

세계에 3대 장수촌이 있다. 파키스탄의 훈자, 에콰도르의 빌카밤바, 러시아의 코카서스다. 간혹 중국의 바마라는 곳이 추가되기도 한다. 예전에 장수촌이라 불리던 불가리아의 스몰리안, 일본의 오키나와, 이탈리아의 사르데나는 현대 문명의 유입과 음식 변화, 그로 인한 삶의 스트레스로 인해 장수촌에서 멀어지고 있다.

장수의 비결은 뜻밖에 간단하다. 자연과 더불어 살며 무공해 자연식을 먹고, 많이 움직이고, 마음 편히 사는 것이다. 특별한 비법이 아니고 누구나 마음먹으면 실행할 수 있는 방법이다. 모든 걸 훌훌 털어 버리고 자연으로 돌아가 소박하게 살면 되나, 결단을 내리기가 어렵다.

별장이란 걸 장만하곤 자연과 친한 척하는 건 '무늬만 자연인'일 뿐이다. 진정한 자연인이 되려면 자연 속에 파묻혀 동화되어 살아야 한다. 그리고 마음을 비워야 온갖 질병의 요인인 스트레스에서 벗어날 수 있다. 장수의 비결은 모든 걸 내려놓고 순수한 자연으로 돌아가는 것이다.

그대로 '도루묵'

바닷물고기인 도루묵은 남이 이러쿵저러쿵 이름을 바꾸어 불렀다. 원래는 '묵어'였는데 임진왜란 때 선조가 피난길에 먹어 보곤 매우 맛있어 고상하게 '은어'로 부르도록 했다. 나중에 환궁해서 다시 먹어 보니 옛날 맛이 아니라 도로 '묵어', 즉 '도루묵'이 됐다고 한다. 묵어는 그대로인데 사람 입맛에 따라 은어가 됐다 묵어가 됐다 한 것이다.

사람은 항상 그 사람이다. 그런데 세상의 평가에 따라 영웅이 되기도 하고, 역적이 되기도 한다. 그 사람의 근본은 바뀌지 않았는데 평가하는 사람 또는 시대에 따라 전혀 달라진다. 사회생활을 하다 보면 자기에게 유리한 사람은 높게 평가하고, 그렇지 않은 사람은 언제 그랬느냐는 듯 평가절하 한다. 맘에 안 드는 사람이 있으면 있지도 않은 험담까지 만들어 매장하려 든다.

항상 있는 그대로 평가받을 수 있도록 처신하는 것이 가장 현명한 몸가짐이다. 과대평가와 분에 넘치는 칭찬은 잠시 기분 좋게 할지 몰라도 언젠가는 제자리로 돌아오게 마련이다.

포장도 거추장스럽고, 남의 평가나 눈치 보는 것도 결국엔 아무 의미가 없다는 것을 깨닫게 된다. 나는 언제나 변함없이 그대로 있다는 진리를 알고 행동해야 한다.

기분 좋은 잔열

갑자기 날씨가 추워졌다. 이런 날씨에는 겨울옷이 어울리지만, 여전히 반소매 옷을 입고 다닌다. 그동안 몸속에 축적된 무더위가 잔열로 남아 있어 아직 추위를 제대로 감지하지 못할 뿐 아니라, 정신적 적응 시간도 필요하기 때문이다.

우리네 일상은 내 의지와 상관없이 열 받는 일이 수시로 있다. 이럴 땐 잔열을 어떻게 슬기롭게 다스리는가가 건강을 유지하는 관건이다. 기계의 고장, 몸과 마음의 병, 모두가 잔열처리를 잘못해서 나타나는 증상이다. 사랑에도 잔열이 있다. 사랑의 잔열은 너무 뜨거워도 안 좋고, 너무 차가워도 안 좋다. 마음에 따듯하고 포근한 느낌이 남아 있으면 그것이 가장 좋은 사랑의 잔열이다.

최근에 사람의 체온을 이용해 전기를 만드는 '웨어러블(Wearable) 체온 전력생산 기술'이 세상을 바꿀 신기술로 떠올랐다. '웨어러블 열전소자(熱電素子)'는 온도 차이가 날 때 전기가 흐르는 효과를 이용한 반도체 소자로, 열전소자가 인쇄된 유리섬유를 피부에 붙이면 체온과 바깥 온도의 차이로 전력이 발생한다. 이 유리섬유가 들어 있는 옷을 입으면 마찬가지로 전기를 발생하는 효과가 있다. 체온과 웨어러블 기기의 조합으로 열전소자의 응용에 한 단계 높은 기술을 적용할 수 있게 됐다. 버려지던 열에너지인 체온을 모아서 전기를 만들어 쓰려는 발상인데, 요즘 같이 열 받는 일이 자주 있는 사회에선 효용가치가 클 것이고 발전량이 많은 사람일수록 인류에 공헌도가 높지 않을지.

정신적 잔열도 인생을 풍요롭게 한다. 누군가를 만나고 헤어질 때 따스함이 남아 있다면 기분이 좋은 만남이다. 감동적인 영화를 보거나, 책을 읽고 난 후의 가슴 뭉클한 감동도 잔열로 오랜 여운을 남긴다. 오늘 하루 기분 좋은 잔열을 많이 느낄 수 있는 날이기를 기대해 본다.

일탈을 꾀하는 날라리의 삶

일 안 하고 노는 데만 열심인 사람을 '날라리'라고 한다. 꿀벌이 꿀 딸 생각 안 하고 놀고 있으면 '날라리 꿀벌'이 되고, 개미가 먹이 안 물어 오고 게으름을 피우면 '날라리 개미'가 된다. 남편이 돈은 안 벌어 오고 유흥에만 빠져 돌아다니면 '날라리 남편', 옛날에는 좋은 말로 '한량'이라고 했다. 돈 있는 한량은 남에게 보태 주기라도 하지만, 돈 없는 날라리는 집에서뿐 아니라 사회에도 해가 된다.

날라리는 어찌 보면 틀에 박힌 일상에서 일탈을 꾀하는 행위다. 남에게 피해만 주지 않는다면 잠깐의 날라리 행동은 청량제가 될 수 있다. 날라리 신분이라면 해 보고 싶은 것이 무엇이 있을까? 생각만으로도 흥분된다. 최고급 호텔에서 플코스 요리에, 세계 일주 여행에……. 점점 비현실세계로 둥둥 떠오른다. 아마 날라리는 아무나 하는 게 아닌 듯하다. 천부적인 재질과 함께 부가 받쳐 줘야 하고, 현실을 떠난 낙천적인 성격의 소유자라야 가능할 것 같다.

나를 가두고 있는 관습의 틀을 깨고 잠시 '시한부 날라리'가 되어 보고 싶다.

남자들의 잔소리

잔소리가 점점 늘어 간다는 아내의 잔소리다. 잔소리가 늘어 가는 이유는 그동안 모르던 집안일에 대해 아는 지식이 많아졌기 때문이다. 전문 분야에서는 지식을 남에게 전달하면 교육이라 하지만, 아내의 전공 분야인 가사에 관해 얘기하면 잔소리가 된다.

아내의 전문영역인 김장, 청소, 밥하기, 설거지도 이젠 스스럼없이 같이하다 보니 경계선이 모호해지며 잔소리가 늘었다. 자기 영역으로 남편을 자꾸 끌이다 보니 모르던 분야를 알게 되고, 성에 안 차니 잔소리가 나오는 것은 당연하다. 조금 알면 거들먹거리는 것이 남자들의 속성인데, 그런 환경으로 끌어들인 책임은 전적으로 아내에게 있다.

"잔소리한다."는 소리를 듣기 싫으면 아무 소리 하지 말고 내가 해 버리면 편하다. 그런데 아무 말도 안 하면 또 "대화가 없다. 나를 무시하는 거냐?"고 불평이니 대체 어찌하오리까? 그래도 잔소리를 계속하는 것이 옳을지?

잔소리를 귀에 박히도록 하면 군살이 박혀 무반응으로 나오지 않을까? 아내들이 알아야 할 실상은 남자들의 잔소리는 '나를 좀 봐 달라'는 일종의 하소연이라는 것을…….

만남, 그 기대와 희망

음양의 만남으로
세상의 만물이 탄생한다.

사람과 사람의 만남
생물과 무생물의 만남
인류와 우주의 만남
세상은 만남으로 이루어진다.

모든 일상은 만남으로 이어지고
생명체는 만남으로 존재한다.

온종일 방 안에만 갇혀
만남이 없는 일상이라면 삶이 무의미하다.

만남은 기대와 희망으로 창조를 이룬다.
나를 가두어 두면 만남도 없고
희망도 찾아오지 않는다.
밖에 나가 만남을 찾아야 한다.

중장년층에게 팔짱과 뒷짐의 의미

'팔짱 낀 모습'과 '뒷짐 진 모습'은 중장년층이 특허 낸 자세다. 나이 들어 일선에서 물러나 따돌림을 당하고 있다고 느낄 때쯤이면 팔짱을 끼고 억하심정을 드러낸다.

'그래! 너희끼리 잘해 봐라!', '어디 나 빼고 잘되나 두고 보자!' 주먹도 꽉 쥐어 보고, 팔도 휘두르다, 머쓱해지면 팔짱으로 마무리하게 된다. 이때까지만 해도 그런대로 팔에 힘이 들어가 있다. 팔짱은 팔에 힘을 주고 거드름을 부리는 자세다. 그러다 팔짱 끼는 거드름도 안 먹히는 시기가 되면 팔이 슬슬 내려가 뒤로 돌아간다. 앞으로 꼬던 팔이 어디 틈에 등 뒤로 사라져 두 손을 매듭지어 휘두르지 못하게 한다.

뒷짐 진 모습이 자연스러운 경지에 이르면 누가 건드리는 사람도 없고, 화낼 일도, 논쟁거리도 없고, 남 간섭할 일도 없으니 내 몸 하나 추스르고 조용히 살면 된다.

뒷짐의 장점도 있다. 무슨 짓을 해도 남이 별로 개의치 않는다는 점이다. 남에게 피해만 안 주면 내가 뭘 하든 간섭하는 사람도 없고, 아무 대꾸 없이 가만히 듣고만 있어도 제 역할을 다 하고 있다고 어른대접을 해 준다. 일찍 자든, 늦게 자든, 낮잠을 자든, 졸든, 아무도 관심이 없다. 뒷짐 인생은 무관심의 대상이라는 표현이 적절할 것 같다.

뒷짐이라도 지고 있으려면 두 발로 서 있어야 한다. 주저앉거나 드러누우면 뒷짐 지는 것도 불가능하다. 팔에 힘 떨어지고, 다리 힘마저 없으면 뒷짐도 못 지고 주저앉거나 드러누울 수밖에 없다. 뒷짐 지고 걸을 수 있다는 말은 아직 두 다리가 건재하다는 것을 의미하니 열심히 '뒷짐 인생'을 즐겨야 한다.

수도꼭지의 반란

직장 화장실에 있는 수도꼭지 두 개 중 하나가 새것으로 바뀌었다. 그런데 이 새로 단 수도꼭지 하나로 인해 일대 혼란이 일어나고 있다. 여닫는 방향이 먼저 것과 반대라서 매번 헷갈리는 것이다. 먼저 것은 둘 다 위로 들어 올리면 물이 나오는 일관성이 있었는데, 새로 단 수도꼭지 하나로 인해 그동안 몸에 밴 습관이 일괄적으로 통용되지 않게 된 것이다. 화장실 갈 때마다 수도꼭지를 들어 올려야 할지 내려야 할지 망설이게 된다.

집에 와서도 혼란이 이어져 물 틀기 전에 심사숙고하지만, 가끔 틀린다. 수도꼭지만 보면 '이것을 들어 올려? 아니면 내리 눌러?" 고민하는데, 맞을 확률은 절반이다. 영화에서 폭탄제거 장면을 보면 적색 선과 황색 선을 놓고 어떤 것을 자를 것인가 망설이는 대목이 하이라이트로 설정되는데, 딱 바로 그 심정이다.

특히 생소한 건물에 갔을 땐 정말 복권 뽑는 기분이다. 첫 시도에서 방향이 맞으면 일이 잘 풀릴 것이고, 그렇지 않으면 낭패일 것이라고 나름대로 징크스를 설정하곤 한다. 그러니 습관이 일상생활에 얼마나 큰 영향을 끼치는지 가늠할 수 있다.

한번 정착한 고정관념은 바꾸기가 쉽지 않다. 알에서 갓 부화한 새끼오리는 제 눈에 처음 들어온 움직이는 물체는 무엇이든 어미로 간주하고 졸졸 따라다닌다고 한다. 인간관계에서도 '저 사람은 저래'라고 한 번 선입견을 품게 되면 웬만해선 바꾸기 어렵다. 사실 첫인상으로 그 사람을 평가한다는 것은 실수할 확률이 높지만, 첫인상의 영향이 크다는 것은 부정할 순 없다. 판단의 잣대에 객관적인 정답이 없는 경우, 나의 관점이 바로 판단의 기준이 된다.

제도가 갑자기 바뀌면 온 나라가 불평불만과 함께 몸살을 겪는다. 정치 · 경제 · 사회어느 분야든 새로운 변화를 받아들이기 위해서는 희생과 적응이라는 두 단계를 거쳐야 한다. 급작스러운 변화를 모색하는 부류는 극히 일부의 특정집단에 불과하며, 그들은 변화를 통해 이득을 얻는다는 확신을 갖고 행동으로 옮기기에 주체세력이 된다. 대다수 사람은 가만히 있다가 엉겁결에 당하다 보니 새 제도에 바로 적응하기 어렵다. 개혁의 결과가 긍정적일 수도 있고 부정적일 수도 있으나, 개혁이란 깃발을 들고 나오면 그 누구도 막을 방법이 없다. 왜냐하면 기득권을 가진 보수층은 소극적인 방어 자세를 취하는 반면, 변화를 주장하는 개혁파는 철저한 계획에 따라 죽기 살기로 돌진하니 보수층은 밀릴 수밖에 없다.

일상생활에서 수도꼭지의 혼란처럼 변화와 개혁은 적응할 때까지 시행착오를 무수히 거치면서 정착할 때까지 인내의 시간이 필요하다.

인생의 시간, 찰나刹那

우주의 시계는 137억 년을 가리키고 있지만, 지구의 시간은 매우 미미하다. 세월을 빛의 속도인 광년으로 따지는 우주 세계에서는 지구의 시계가 조잡한 애들 장난감에도 못 미칠 것이다.

주위에서 느닷없이 세상을 떠나는 지인들의 소식을 접할 때마다 마음이 짠하고 착잡하다. 그들의 생전 모습이 떠오르며, 같이 지냈던 시간이 아쉽고 헤어짐에 안타깝다. 우주의 나이로 보면 몇 년 앞서 세상을 등졌다는 것은 표도 안 나는 짧은 순간이지만 인간의 시계로 보면 꽤 오랜 인연이 담겨 있기 때문이다.

'찰나(刹那)'라는 지극히 짧은 시간 단위가 있다. 찰나, 즉 순식간에 지나는 시간, 그것이 바로 인생의 시간이다. 하지만 세상은 내가 존재해야 의미가 있고, 살아 있을 때 최선의 삶을 꾸려야 할 의무가 있다.

하고 싶은 것이 많은데, 그걸 못하고 한숨지어 봐야 아무 소용없다. 인생은 흘러가는 것이기에, 하고 싶은 것이 있으면 주저 말고 실행에 옮겨야 하고, 남한테도 베풀고 싶은 것이 있으면 아낌없이 베풀어야 후회를 덜 수 있다.

'내가 뭘 해 주면 좋은지 빨리 말하소! 맘 변하기 전에.'
'나한테 해 주고 싶은 것이 있으면 지금 바로 해 주소!'

나와 세상의 연결 통로, 관심

관심(關心)은 서로의 마음을 통하게 한다. 무엇에 관심을 두느냐를 보면 그 사람의 인생관을 가늠해 볼 수 있다. 직업, 취미, 대인관계, 인간성으로부터 그 사람의 관심을 추정해 볼 수 있다.

부모와 자식 간, 연인 사이의 관계도 모두 관심을 바탕으로 이루어진다. 서로가 서로에게 관심을 가질 때 상승작용이 나타나며, 가족 관계에선 돈독함을, 친구 관계에서는 우정을, 사회생활에서는 성공을, 예술세계에서는 창조를, 남녀관계에서는 사랑을 움트게 한다. 큐피드의 화살에 맞아 반하는 경우, 전기불꽃이 튀기듯 빤짝하는 관심이 생기며 신도 어쩌지 못하는 '둘만의 관심 세계'로 빠져든다. 전혀 모르는 사람을 만났을 때, 첫 만남에서 한눈에 반하는 경우가 있다. 서로의 마음이 통하는, 즉 관심이 공통분모가 되며 마음을 터놓게 되고 좋은 인상을 갖게 된다.

예술도 같은 장르에 속한 사람끼리 모여 서로의 관심 대상을 놓고 논쟁하고, 경합을 벌이면서 창작활동을 도모하는 것이다. '관심'은 바로 발전을 위한 원동력이라고 볼 수 있다.

관심은 마음을 움직여 얼굴도 바꾼다. 어느 날 상대방 얼굴이 밝아 보이면 그 사람은 뭔가에 관심이 있고, 그로 인해 행복을 느끼고 있음이 틀림없다. 여성에게 "왜 그렇지 예뻐졌습니까?"라는 질문은 그녀에게 관심의 대상, 즉 “사랑의 대상이 생겼지요?”라는 질문과 같다. 관심은 ‘엔도르핀’을 생성하고, 온몸에 생기를 불어넣어 마음뿐 아니라 얼굴도 밝고 예쁘게 바꾼다. 자기에 대한 관심이 제일 중요하다. 우선 나의 존재가 전제되어야 세상이 존재하기 때문이다. 통하는 마음, 즉 ‘관심’이 나를 세상과 연결시키는 통로임에 틀림없다.

뺄 것 없는 인생

삶 속에는 아쉬움과 부족함이 공존한다. 아쉬움은 이미 흘러간 것이라 채워 넣을 수 없지만, 부족함은 내 곁에 남아 있어 채워 넣을 수 있다. 삶의 과거와 현재를 돌이켜 보면 미안함으로 가득하다. 세상으로부터 분에 넘치는 고마움을 받았지만 그에 대한 나의 베풂은 항상 부족했다. 삶 속에는 아쉬움, 부족함, 미안함이 공존하고 있지만, 이를 극복하는 방법을 몰라 안타깝다.

▶ '하루하루의 삶'은 항상 있는 나날이기에 별 의미가 없어 보이나, '느끼면서 사는 삶'과 '무의미하게 사는 삶'으로 나누어 보면 생각이 달라진다. 일상이 평탄하고 새로운 것도 없이 그저 그런 생활을 한다면 하루하루가 무의미하다. 역설적으로 고달프고 불확실한 삶을 사는 사람은 인생을 의미 있게 산다고 볼 수 있다. 삶을 포기하고 자포자기 상태로 좌절 속에 사는 사람은 무의미하게 사는 것이고, 고달프지만 도전하며 하루하루를 역동적으로 사는 사람은 살아 숨 쉬는 의미 있는 삶을 사는 것이다.

심한 좌절을 겪은 사람은 몸과 마음이 한꺼번에 무너져 의욕을 잃는다. 이는 하루하루 삶에 의미가 없어졌기 때문이다. 생명체는 적당한 긴장과 부족한 환경 속에서 생명의 의지가 강해지며 면역력이 활성화된다. '하루하루의 삶' 속에는 나의 존재가치를 느끼게 하는 활력소가 수없이 많다. 희망이 있는 삶과 희망이 없는 삶은 내가 뜻풀이를 어떻게 하느냐에 따라 달라진다.

▶ 하루만 산다는 '하루살이'는 빗속을 뚫고 자유자재로 날아다니는 비법을 갖고 있다. 빗방울이 떨어지며 공기를 밀어낼 때 그 흐름에 몸을 실어 비를 피한다. 하루만 사는 대신 다른 동물이 갖지 못한 전천후 비행능력을 갖추고 있다. 충돌이 있으면 반드시 저항으로 인한 반작용이 생기며 그 여파는 후유증으로 남는다. 공기의 흐름에 몸을 맡기는 하루살이의 삶은 순리적인 이치를 따르고 있다.

▶ 삶의 의미, 즉 '무엇 때문에 사는 것인가?'라는 질문을 던져본다. 인간 삶의 질(質)을 몇 단계로 나누어 볼 수 있다. 가장 기초적인 단계는 '생존을 위한 삶', 즉 먹고살기에 급급한 단계이고, 다음 단계는 '물질적 소유', 즉 남보다 더 좋은 것, 더 사치스러운 것을 탐닉하는 단계이다. 먹을 것 걱정 없고, 충분히 소유한 후, 그때야 '나는 누구인가? 무엇 때문에 사는가?'라며 존재의 의미를 되짚어 보게 된다. 나를 되돌아보는 여유가 생기며 인생을 조금씩 음미하기 시작한다. 다음 단계는 '명예를 얻고 싶은 욕망'으로 남

으로부터 추앙받고 싶어 하는 단계이고, 마지막 단계는 남에게 베푸는 '봉사의 삶'이다. 부와 명예, 모두가 하잘것없음을 깨닫고 남을 위해 사는, 즉 대가 없이 남에게 봉사하는 삶, 인간이 도달할 수 있는 마지막 순수함이다. 보상을 바라지 않고 나보다 못한 사람을 돌봐 주는 행위, 봉사하는 삶을 실천하는 사람은 참으로 아름답다. 보통 사람의 삶은 물질과 명예를 추구하는 '속물 수준'에서 벗어나기 어렵다. 하루하루 살기가 급급한데, 무엇을 위해 사는가를 고민하고 남을 위해 봉사한다는 것은 꿈도 못 꾼다. 그렇지만 인간이 할 수 있는 최고의 행위는 남을 위한 봉사임에 틀림없다.

▶ '뺄 것 없는 인생'을 산다는 것이 너무 이상적이라 불가능할 것처럼 보이지만, 눈높이를 조금만 낮추면 가능하다. '내 삶에 보탤 것은 없는지, 아니면 뺄 것은 없는지?' 매일 나에게 하는 질문이다. 사람은 누구나 좀 더 나은 삶을 위해 새로운 것을 배우고, 돈을 벌고, 권력과 명예를 추구한다. 어떻게 사는 것이 더 나은 삶을 영위하는 것인지는 명확한 정답이 없다.

젊어서는 인생의 완성도를 높이기 위한 도전과 노력이 반드시 필요하지만, 중년을 넘긴 사람에게는 '보태는 인생'보단 '뺄 것 없는 인생'을 설계하는 것이 바람직하다. 나이에 맞지 않는 벅찬 일을 벌이거나, 돈에 집착하기보다는 욕심을 버리고, 한 단계 낮춰 소박한 삶을 꾸리겠다는 마음을 갖는 것이 옳다.

인간은 '삶'이라는 모노드라마 속에서 한 장면 한 장면을 연기하는 배우이며, 마지막 장면은 모든 것을 훌훌 털어 버리고 남을 위해 봉사하는 모습으로 마무리하는 것이 바람직하다.

인생 낙법

유도를 배울 때 맨 처음 가르치는 것이 낙법(落法)이다. 남을 넘어뜨리기에 앞서 내가 넘어지는 법부터 배우는 것이다. 낙법은 산에서도 가끔 유용하게 쓰인다. 젖은 돌길이나 얼음판에서 미끄러지면 십중팔구는 다치나, 몸을 웅크리고 떨어지는 낙법을 배워두면 부상을 최소화할 수 있다.

세상살이에는 음양의 원리와 같은 양면성이 있으므로 이에 순응하며 사는 지혜가 필요하다. 좋은 일이 있으면 나쁜 일이 있고, 좌절이 있으면 희망이 있고, 슬픔이 있으면 기쁨도 있다. 좋을 때 너무 자만하지 말고, 나쁠 때도 너무 상심할 필요가 없다. 권력의 높은 자리에 있다고 그 자리를 오래 누릴 것이라고 착각하는 사람이 많다. 더욱 한심한 사람은 힘 있을 때 맘껏 힘자랑해야겠다고 오만한 언행을 일삼는 사람이다.

우리네 삶은 내가 유리한 고지를 차지하고 있으면 한편에선 소외감을 느끼는 사람이 있듯이, 서로 물고 물리며 돌아가는 톱니바퀴와 같다. 높은 자리에 있다 해도 언젠가는 내려와야 하니 이왕이면 멋지게 내려서는 모습을 보여줘야 한다.

인생 낙법의 기본 품새는 '초심'이다. 인생에선 오르는 것만큼이나 내려서기도 만만치 않으니, 미리 마음가짐을 단단히 다져 놓을 필요가 있다.

속마음과 겉마음의 오묘한 차이

남이 잘되는 모습은 시기심을 불러일으킨다. 가족 중에 누가 잘되면 내가 잘된 듯 기분이 좋아 자랑하고 다니나, 적당한 거리의 친인척이 잘되면 나와 비교되며, 부러움이 '속 쓰림' 증세로 나타난다. 일반적인 지인들, 즉 친구나 동료는 상대방이 잘되면 축하한다고 말하면서도 진짜 속마음은 '나는 이 모양인데 너는 잘나가는구나!' 하는 시기와 부러움에 심기가 불편하다. 예외는 상대가 잘 되므로 해서 나에게도 이득이 생길 가능성이 있다면 시기심은 대기 상태로 전환된다.

다른 상황이지만, 남이 불행을 당한 경우 안됐다는 측은지심이 먼저 들고 그 불행이 나에게 안 일어났다는 안도감이 드는 것이 솔직한 '속마음'이다. 남의 행복과 불행, 상대방과의 거리와 상황, 나에게 느껴지는 강도에 따라 '속마음'은 다르게 나타난다.

양심이 속마음과 겉마음의 중간매체 역할을 하고 있다. 속마음은 남에게 보이기 싫은 것이고, 겉마음은 남에게 보이고 싶은 것이다. 내성적인 사람과 외향적인 사람의 표현 방법이 다르듯 속마음과 겉마음의 기준이 다르다. 감추어야 할 것을 속없이 터놓는다거나, 반대로 얘기할 만한 것인데 꽁꽁 감추고 있다거나 그 기준은 각자의 판단 기준에 따라 다르므로 남이 이러쿵저러쿵 말할 일이 아니다.

마음의 종류 중에 사이비가 하나 있는데, 바로 '내숭'이다. 실제는 겉마음인데 속마음처럼 보이려고 한다. 그래서 내숭 떠는 여인의 마음은 더욱 알 수 없다.

속마음과 겉마음이 똑같은 사람이 가장 솔직하지만, 실제로 그런 사람을 찾기는 어렵다. 아무리 솔직한 성격의 소유자라도 상황에 따라 대상에 따라 마음의 표현을 절제하기 때문이다. 이 두 가지 마음을 적절히 절충할 줄 알아야 원단한 사회생활을 이어 갈 수 있다.

나는 존경받을 대상이 될까?

"당신은 존경하는 사람이 있습니까?"
"당신은 지금 누군가로부터 존경받고 있다고 생각하십니까?"

존경받는 것은 내 맘대로 되는 것이 아니고 남의 평가에 의해서만 가능하니, 사회적 지위가 높고 돈이 많다고 해서 반드시 존경의 대상이 되는 것은 아니다. 역사적 인물 또는 사회 저명인사 중에는 존경할 대상이 많으나 피부에 와 닿을 정도로 존경할 만한 사람을 찾기란 쉽지 않다. 객관적으로 보면 훌륭하고 모범적이고 성인에 가까운 사람이라도 개인적으로 잘 모르면 피상적인 존경 대상일 뿐이다.

대학교 교양학부 때 물리학 교수님이 나의 뇌리를 스친다. 학점을 잘 주어서도 아니고 예쁜 따님이 있어서도 아니다. 그분의 인간성에 푹 빠져 연령차, 격식을 뛰어넘는 매력을 느꼈다. 미아리 달동네 언덕에 초라한 교수님 자택도 여러 번 찾아뵈었고 개인적으로도 가깝게 지냈으나, 안타깝게도 뇌졸중으로 일찍 타계하셨다. 지금 생존해 계신다면 아마 존경하는 스승으로 계속 남아 있을 것이다.

'나는 누군가로부터 존경받을 만한 대상이 될까?' 자문해 보지만, 예비 명단에도 못 들 것 같다. '지금이라도 늦지 않았으니 많이 베풀면 그중에 조금은 되돌아오지 않을까? 약간의 존경심과 함께…….' 그러나 벌써 내 사고방식이 틀렸다. 보답받으려는 꿍꿍이가 마음 한구석에 도사리고 있으니 존경은커녕 손가락질이라도 안 받으면 다행이다.

나를 존경해 주는 사람이 있기를 바라는 허황된 기대는 접고, 욕 안 먹고 사는 보통 사람으로 살기를 바랄 뿐이다.

왕년 무용담과 SNS의 관계

인간은 어차피 혼자서는 살 수 없는 사회적 동물이다. '사회적'이란 단어에 담긴 뜻에는 남과 어울려 살면서 자연스레 형성된 계급 틀 속에서 나의 우월성을 뽐내고 싶어 하는 심리가 들어 있다. 이런 속물 심리가 맘속에 자리 잡고 있음을 부정할 수 없으니 우리의 일상은 자랑으로 점철되어 있다고 볼 수 있다. 대부분 맘속으론 남이 내 자랑을 들어 주고 장단을 맞춰 주길 기대한다.

왕년에 뭔가 한 가닥 안 해 본 사람이 없다. 자신의 과거를 부풀려 과장하고, 있지도 않은 무용담을 소설 쓰듯 지어 낸다. 남이 내 과거를 시시콜콜히 알 수 없으니 맘껏 과장해도 뭐라 반박할 사람이 없다. 듣는 사람도 남의 왕년 무용담은 '그렇거니' 하고 흘려듣고 만다.

'왕년'은 지난 세월을 뜻하며, 지나간 세월은 그 시점에 국한한다. "왕년에 말이야……." 하고 자랑하려면 현재가 뒷받침되어 있어야 상대방도 공감할 수 있다. 다시 말해 왕년이 현재와 같은 선상에 놓을 수 있는 연결 고리가 있어야만 의미가 있다는 뜻이다. "왕년에 나 이런 사람이었어!"라고 아무리 말해 봤자, 지금의 내가 왕년의 상황과 동떨어져 있으면 아무런 의미가 없다. 지나간 왕년은 그저 한낱 추억에 불과한 단어다. 왕년이 푹 곰삭아, 현재의 내 인품에 밑받침되고, 현재와 왕년이 같은 연결선상에 있어야 자랑거리가 된다.

사진을 찍어 인터넷에 올리고, 휴대폰으로 남에게 보내는 행위도 알고 보면 모두 '나 이렇게 잘 놀고 있어!' 하는 자기 자랑의 표출이다.

사회생활의 구성요소 중에는 자랑이 있어야 하고, 남이 안 받아주면 본인에게라도 자랑하고 싶어 개인 홈페이지나 SNS가 널리 퍼지는 것이 아닌가 싶다. 잘 알지도 못하는 사람이 자기자랑을 늘어놓는 것을 보면 부담스럽다. 아무리 자랑하고 싶어도 공유할 수 있는 사람으로 제한하는 것이 바람직하지 않을까.

지하철에서 생각 읽기

많은 사람이 지하철 같은 공간에 갇혀 있다.
한정된 공간 내에서 모두가 뭔가를 골똘히 생각하고 있다.
오감 외에 육감도 존재한다.

공간에 떠도는 모든 텔레파시를 모아 분석해 보면 재미있을 것이다.
'당신 지금 이렇게 생각하고 있지?' '나는 아니거든?'
'무슨 엉뚱한 생각을 하는 거야?'
남의 생각을 알고 나면 인내의 한도를 넘어 간섭하고, 싸우고,
그러다 감옥에 갈 수도 있겠다.
남의 생각을 읽는다는 것은 '텔레파시 절도죄'에 해당해
바로 구금되거나 벌금을 내야 할지도 모른다.

'남의 생각 읽기'를 포기하고
'내 생각만 하기'로 하고 조용히 지하철에서 내린다.

겉모습의 오류

눈에 보이는 것은 극히 일부로, 빙산의 일각에 불과하다. 산에 높이 솟은 바위도 산 전체의 극히 일부분일 뿐, 땅속에는 어마어마한 진짜 바위 덩어리가 숨겨져 있다.

하찮아 보이는 미물도 자세히 들여다보면 엄청난 세계에 살고 있다. 매미가 한철 울다 죽는 것으로 보이지만 실제는 7년간 땅속에서 내공을 쌓는다. 하루살이도 몇 시간 못 살고 죽는 것 같지만, 물속에서 유충으로 몇 달간 산 이력이 있다. 송장개구리는 한겨울 온몸이 꽁꽁 얼어 동면하다 눈이 녹으면 서서히 살아 움직인다. 개미, 벌 모두 그들의 사회를 찬찬히 들여다보면 하찮은 겉모습과 달리 어마어마한 세계가 숨겨져 있음을 알게 된다.

겉모습만으로 사람을 평가한다는 것은 오류를 범할 가능성이 높다. 그 사람의 살아온 이력, 성장 과정, 성격 등 겉으로 드러나지 않은 속마음까지 알고 나면 완전히 새롭게 보인다. 남의 마음을 헤아린다는 것은 거의 불가능하니 일단은 믿고 시작하는 게 좋다. 남을 믿는다는 것은 겉모습뿐 아니라 그 사람 본연의 진솔한 모습까지 인정한다는 뜻이다. 믿음이 있어야 그 사람에게 접근할 수 있고, 서로 내면을 알아야 친밀해질 수 있다.

인생 도로에서의 신호 위반

신호등을 지키고 싶지 않을 때가 있다. 새벽녘 텅 빈 사거리에서 신호등 앞에 멀거니 혼자 서 있는 모습은 어찌 보면 바보 같다. 사고가 날 리도 없는데 공회전하며 서 있는 건 기름도 낭비고, 헛되이 지나는 시간도 아깝다.

녹색 신호라도 마음대로 가지 못하는 경우가 많다. 교통체증이나 다른 여러 상황으로 신호를 지키고 싶어도 지킬 수 없다. 효율성만을 놓고 보면 신호등은 모순점을 많이 갖고 있다.

몸과 마음도 마찬가지다. 불치병 환자가 의사의 말을 잘 듣고 병원 처방에 따르는 것은 신호등을 잘 지키는 것이고, 병원 치료를 거부하고 자연요양으로 치유하겠다고 전원생활을 택하는 사람은 '병원 신호등'을 안 지키는 것이다. 의사를 당황하게 한 신호위반이지만 결과는 오히려 더 좋은 경우가 많다.

'인생 도로'에서도 녹색 신호등을 따른다고 반드시 좋은 것만은 아니다. 항상 녹색 신호등을 따르면 무사 평온하겠지만 사는 재미가 없다. 가끔은 신호 위반하듯 도발적인 마음을 갖는 것이 삶을 흥미진진하고 활기차게 한다.

적색 신호는 주의하라는 경고이고 녹색은 지나갈 수 있다는 신호다. 어떤 경우는 적색등을 무시하고 과감히 지나가야 사고를 피하고, 또 어떤 때에는 녹색 신호라고 안심하고 지나다가 사고를 당하기도 하니, 신호등이 절대적인 안전을 보장하지는 못하나 보다. 가끔은 신호를 위반한 일탈이 삶에 활기를 불어넣고 재미와 창조를 낳기도 한다.

어렵지만 꼭, 골고루 쓰기

시도 때도 없이 입맛이 변해 음식을 골고루 먹기가 힘들다. 아무리 열심히 운동해도 모든 근육이 골고루 발달하지 않는 이유는 운동마다 쓰는 근육이 다르기 때문이다.

시간을 골고루 쓰기는 더욱 어렵다. 흘러가는 시간이 아깝다고 먹는 데 얼마, 자는 데 얼마, 일하는 데 얼마, 쉬는 데 얼마, 일일이 시간을 짜 봐야 작심삼일로 끝난다. 몸이 내키는 대로, 마음에 내키는 대로 상황에 따라 적당히 쓰는 것이 가장 효율적인 방법이다.

모든 사람을 골고루 좋아하기는 더더욱 어렵다. 한번 섭섭한 앙금이 생기면 좀처럼 지우기 어려운 게 인간관계다. 업무관계로 만나는 사람은 이해관계가 끝나면 곧 잊히지만, 개인적으로 만난 지인과의 앙금은 쉽게 사라지지 않고 웬만한 계기 없이는 다시 회복하기도 어렵다.

이러한 '골고루'는 '중용'과 일맥상통한다고 볼 수 있다. 마음도 골고루, 몸도 골고루 써서 몸과 마음이 편안하면 바로 중용을 따른 것이다. 사람 사이도 배려하는 마음을 골고루 쓰고 모나지 않게 행동해야 한다.

마그네슘은 만병통치약?

친가나 외가 모두 술을 좋아해 집안 모임이나 명절 때는 술이 빠지지 않는다. 성씨(禹)가 희성에 속해 모르는 사람인데도 문패를 보고 집에 불쑥 들어와 할아버지와 통성명하고 주안상을 받고 가던 기억이 난다. 할아버지께서 워낙 술을 즐겨 어린 손자를 무릎에 앉혀 놓고 반주하면서 술을 한 방울씩 먹이셨다. 어린 마음에 감질이 났던지 집에 아무도 없는 틈을 타 벽장 속에 있는 술병을 꺼내 맘껏 마셨다. 그때가 초등학교에 들어가기 전이니 대략 6살 때인 것 같다. 어린애가 술에 취해 집 앞 개울에 쓰러져 있는 걸 어머니가 발견하시곤 혼비백산하셨단다. 집안의 내력인지 지금도 술을 즐기나 '술엔 장사가 없다'는 속설대로 요즘엔 먹는 양도 줄고 회복도 느리다.

최근에 눈에 번쩍 뜨이는 기사를 봤다. 마그네슘이 술 해독에 특효라고 한다. 의학적 근거가 있는 얘기니까 믿어도 되겠지만, 과연 마그네슘이 무슨 역할을 하는지 궁금하다. 마그네슘은 인체의 필수 무기질로 없어선 안 될 중요 미네랄로, 부족하면 빨리 늙지만 적절히 섭취하면 스트레스 해소와 기분전환, 우울증, 심장병, 당뇨병에 예방 효과가 있고, 뼈를 튼튼히 하고 만성피로와 통증 치료에 도움이 되며, 다이어트에도 효과가 있고 각종 효소 반응을 촉진한다고 하니, 그야말로 기적의 약물이 따로 없다.

'아니, 이렇게 훌륭한 만병통치약이 있었나?' 그 효능이 진짜라면 진시황이 그토록 찾아 헤매던 불로초가 바로 마그네슘 아닌가. 그런데 문제는 과잉 섭취하면 혼수나 환각과 같은 정신장애를 일으키는 것이다. 하루 권장섭취량은 남성 350mg, 여성 280mg 정도이고, 견과류 · 콩 · 해조류 및 녹색 채소에 많다고 한다.

그렇다면 술에 취한 상태에서 마그네슘을 듬뿍 먹으면 어떻게 될까? 과잉 섭취하면 환각 상태를 지나 미친놈이 될 가능성이 높다. 정상으로 되돌아올 수만 있다면 경험 삼아 한번 마그네슘을 진탕 먹어 보고 싶다.

궁극의 나, 혼魂

사람에게서 한 꺼풀 한 꺼풀 벗겨 내고 나면 뭐가 남을까? 포장된 것들, 옷, 육체, 뼈, 모든 형체가 없어지고 마지막에 남는 것은 영혼뿐일 것이다.

식물인간이 돼도 정신, 즉 혼은 살아 있는 상태라고 한다. 몇 년 만에 기적처럼 깨어난 사람이 그동안 침상에서 들은 얘기를 다 기억하고 있다는 사실이 이를 입증한다. 그렇다면 인간에게서 공통으로 남는 것은 결국 혼이다. 조물주가 인간에게 부여한 혼, 마지막까지 남아 있는 혼은 선할지 악할지 궁금하다. 혼을 바탕으로 정신과 사고가 유지되고 있는 것은 확실한데, 사람마다 생각이 다르고 행동도 다른 이유는 혼이 조화를 부리기 때문이 아닌가 생각한다.

성선설, 성악설도 혼에 어떤 정신이 담겨 있는지를 몰라 두 가지로 해석을 시도한 것이 아닐까? 육신은 불에 타 없어지지만, 혼은 어딘가에 남아 있을 것 같아 영혼, 혼령과 같은 단어는 신비롭고 괴기한 느낌을 준다. 혼은 과연 어느 세계로 갈 것이며, 만약 지금 공중에 떠다닌다면 나라는 개체를 어떤 모습으로 볼까?

만약 지금 내 영혼이 나를 바라볼 수 있다면 내가 하는 행동, 사는 모습, 현재의 생각이 무의미하지 않은지 묻고 싶다, 나의 혼이 나를 봤을 때 '괜찮은 사람'으로 인정받고 싶다.

편안하시길 바랍니다

세상에서 가장 불행한 사람은 '아무 걱정이 없는 사람'이다. 갖고 싶은 것은 다 갖고 있고, 신경 쓸 일 없고 할 일 없이 무료하다면, 행복한 삶이라기보다는 무의미한 삶에 가깝다.

〈보왕삼매론(寶王三昧論)〉에 언급된 10가지 마음가짐 중 다음과 같은 말이 있다.

"몸에 병이 없기를 바라지 말라."

"세상살이에 고난이 없기를 바라지 말라."

"일을 도모하는데 쉽게 되기를 바라지 말라."

세상살이가 쉽지 않다는 것을 알아야 한다는 교훈이다. 인간사에는 애당초 '아무 걱정 없는 삶'이란 존재하지 않는다. 겉으론 편안해 보여도 내막을 알고 보면 걱정과 근심, 긴장 속에 살아가는 것이 인간 본연의 삶이다. 환경과 여건에 따라 정도와 깊이가 다를 뿐, 삶의 굴레에는 걱정이 들어 있다. 위선과 거짓, 과장으로 포장된 겉모습은 밖에서 볼 땐 그럴듯해도, 알고 보면 모두가 그저 그런 삶이다. 남에게는 안쓰럽고 고통스러워 보여도 정작 본인은 행복한 삶을 영위하는 사람도 있다. 자신이 어떻게 생각하느냐에 따라 삶의 기준이 다를 뿐, 인생살이는 별반 차이가 없다

"편안하십니까?" 이 말은 매우 친근감이 가는 안부 인사말이다. '마음이 편안하신지?', '무슨 걱정은 없으신지?', '몸은 편안하신지?'를 묻는 말이다. 몸과 마음이 다 편안하면 행복지수는 최상위에 해당한다. 그러나 걱정 없이 사는 사람은 별로 많지 않다. 온갖 걱정거리에 파묻혀 살며, 병을 안고 사는 것이 인생이다.

그러니 인사말로 "편안하신지요?"라고 묻기보다는, "편안하시길 바랍니다."라고 기원하는 것이 옳을지 모르겠다.

놀이로 인생을 즐겁게 리필하자!

노는 것을 싫어하는 사람은 없다. 인류의 발달, 과학문명의 발달도 알고 보면 어떻게 하면 인류가 더 잘 놀 수 있느냐를 추구하는 방법론이다. 가만히 앉아서 명상하는 것도 노는 것이고, 취미생활을 하거나, 운동장에서 뛰는 것도 노는 것이다. 자기가 좋아하는 것을 하면 노는 것이다.

동물이나 인간이나 대동소이(大同小異)하다. 서로 놀면서 힘을 키우고, 살아가는 법을 배우고, 사회생활과 창의성을 배운다. 어른이 돼도 일하는 것보다는 노는 것이 더 좋다. 놀기 위해서 돈이 필요하고, 돈을 벌기 위해 일을 하는 것이지, 일이 인생의 목표가 될 수는 없다.

놀려면 마당, 즉 시간적 · 경제적 여유가 있어야 한다. 노는 것 자체가 스트레스가 되어서는 곤란하니, 마음의 여유가 있을 때 놀아야 한다. 머릿속이 텅 빌수록 노는 데 더 심취할 수 있으며, 몸과 마음이 편한 상태에서 노는 것이 인생을 즐기는 것이다.

'리필'이란 단어는 커피집이나 맥줏집에서 더 달라고 하면 공짜로 잔을 채워 주던 것에서 시작했으나 지금은 여러 분야에 쓰인다.

놀이도 인생을 즐겁게 '리필'하는 방법 중 하나이다. 나이 들수록 뭔가 자꾸 빠져나가기만 하지 채워지지는 않으니, 마음이 허전하고 메말라 간다. 이때가 '리필'이 절실히 요구되는 시기이다. 정신적 방황과 허무함을 채워 주는 방법으로 놀이가 제격인데, 새로운 놀이를 습득하기는 어려우니 내가 가진 것 중에서 우려먹을 수밖에 없다. 옛날에 하던 놀이를 '리모델링'해서 옛 추억과 함께 즐거움을 '리필'하며 사는 것이 제일 나은 방법이라고 생각한다.

문을 열고 나서며

꽉 막힌 공간에 사람이 갇혀 있으면 유리창에 습기가 잔뜩 서린다.
안에서 복닥거리기만 할 뿐 밖을 못 보는 우물 안 개구리가 된다.

인간의 속성 중 하나는 쳇바퀴 돌 듯 타성에 젖어 사는 것이다.
일탈의 행동이 겁도 나고 탈출하는 방법도 잘 모른다.

마음의 방황이 유리창으로 둘러쳐진 공간에 꼼짝없이 갇혀 있다.
뿌옇게 서린 수증기에 파묻혀 탈출로를 찾지 못하고 있다.
답답하고 어두컴컴한 공간에서 우왕좌왕 헤매고만 있다.

문을 활짝 열고 신선한 공기를 마시고
세상과 대화하면 문제가 술술 풀린다.
갇힌 공간에서 쓸데없는 고민으로 방황하지 말고
문을 박차고 밖으로 나가야 한다.
나를 가둔 족쇄를 풀고 두 팔을 활짝 펴고 세상으로 나가는 것이다.

새로운 공기가 가슴을 채우고 맑은 정신으로 탈바꿈한다.
여태껏 안 보이던 신세계가 펼쳐지며 새로운 길이 전개된다.

갇혀 있던 공간을 뒤돌아보며 세상 밖으로 나온
옹졸한 사연은 과거에 묻고 미래를 향한 발걸음을 내딛는다.

남자와 여자가 생각하는 뜻의 깊이

뜻깊은 일을 기념하는 날을 기념일이라고 한다. 그런데 이 기념일 때문에 남녀 간에 다투는 경우가 종종 있다. 뜻깊은 날인데 왜 다툴까? 각자 생각하는 뜻의 깊이가 달라서 그렇다. 생일이나 집안의 공동 기념일을 챙기는 것에는 서로 이의가 없으나, 처음 만난 날이라든지, 처음 키스한 날이라든지, 적당히 잊고 지낼 만한 날들을 여자는 시시콜콜 다 따진다.

여자에게 성토를 당할지 모르겠으나 남자가 제일 억울해하는 날이 결혼기념일이다. 왜 결혼기념일을 평생 남자만 챙겨야 하는지 불만이다. 간혹 정신이 없어 결혼기념일을 등한히 했다가는 틀림없이 뒤탈이 생긴다. 하다못해 꽃다발이라도 들고 들어가야지, 그렇지 않으면 후유증이 오래 간다. 남자도 똑같이 결혼기념일의 주인공인데 왜 여자는 주인공이 돼야 하고 남자는 평생을 머슴처럼 챙겨 줘야 하는지 억울하다.

이 세상에 남자가 여자로부터 결혼기념일에 선물을 받았다는 말은 들어 본 적이 없다. 주례 앞에서 동등하게 혼인서약을 했음에도 불구하고 결혼기념일을 챙기는 일은 절대 평등하지 않다. 그 이유는 남녀가 생각하는 결혼기념일에 대한 뜻의 깊이가 달라서이다.

"당신, 오늘 무슨 날인지 알아?" 이렇게 물어 오면 무조건 아내에게 초점을 맞추어야 한다. '혹시 아내의 생일? 결혼기념일?' 이 단계에서 답이 안 나오면 폭을 좀 더 넓혀 처가 행사에 대한 기억을 되살려야 한다.

남자는 여자로부터 이런 종류의 질문이 나오면 덜컥 겁부터 난다. 내가 뭘 또 잊어버렸나? 여자는 미리 계산을 다 해놓고 떠보듯이 질문을 하고 있는데, 금시초문인 듯 멍한 표정을 짓고 있다가는 당하기 십상이다. 따지는 데는 남자가 여자를 도저히 당할 수 없다.

시집과 관련된 기념일은 그렇게 묻지 않는다. 질문하지 않고 곧바로 오늘이 무슨 날인지 알려 준다. 시집에 대해서는 '직접화법'을 사용하고 자기와 친정에 대해서는 '간접화법'을 사용하니, 남자는 헷갈릴 수밖에.

여자의 "나 뭐 변한 거 없어?"라는 질문 또한 남자를 당황스럽게 한다. '머리스타일을 바꿨나? 옷을 새로 샀나? 그 얼굴이 그 얼굴인데 대체 뭐가 변했지?' 제대로 대답을 못했다간 자기에게 관심이 없다고 한참을 시달려야 한다. "나 오늘 머리 바꿨는데 어때?" 라고 구체적인 상황 설명을 곁들여 물으면 간단할 것을, 밑도 끝도 없이 "나 변한 거 없어?" 하고 퀴즈를 낸다. 남자가 머리 깎은 건 며칠이 지나도 모르면서 여자는 자기가 변한 모습을 못 알아보면 섭섭해 한다. 여자는 자기와 관련된 일은 매우 '뜻깊게' 생각하므로 남자의 단순한 생각으로는 도저히 따라잡을 수 없다.

히말라야 트레킹을 갈 때마다 결혼기념일이 중복돼 매번 핀잔을 들었다. 공교롭게도 결혼기념일이 히말라야 트레킹을 가기에 딱 좋은 4월과 겹치기 때문에 어쩔 수 없이 그렇게 됐다. 어느 해인가 4천 미터가 넘는 곳에서 고소증세로 어질어질한 가운데 '결혼기념일♡' 현수막을 써 들고 증명사진을 찍어와 정상참작(?)을 인정받았다.

왜 남자는 평생 결혼기념일을 챙겨만 즈어야 하는지, 세상 남자는 억울해한다. 서른에 결혼했다 치고 90까지 해로한다면 60년을 같이 사는데, 30년은 남자가 챙겨 주고 나머지 30년은 여자가 챙겨 주면 안 되나?

곰곰이 생각해 보니 내 생각대로 하자고 했다가는 부작용만 커지는 쪽으로 기운다. 곧 다가오는 4월 결혼기념일을 정신 바짝 차리고 잊지 말아야겠다.

셋째마당

산길을 걸으며

산에 매료돼 호산인(好山人), 글뫼(글과 산)로 호를 쓴다. 어려서부터 서울 근교 산을 다닌 탄력으로 백두대간, 정맥 산줄기에 속한 우리나라의 산하를 속속들이 걸어 다녔다. 그러다 보니 부작용으로 처음 가는 곳도 와 본 것 같은 착각에 빠지며 봉우리 이름, 고개 이름, 동네 이름이 헷갈린다. 솔직히 말하면 기억력이 시원치 않은 증상이지만, 모든 곳을 친근하고 정감 어린 마음으로 대하는 긍정적인 사고방식을 배운 것으로 여긴다.

산에서 만나는 사람은 초면이라도 모두 반갑게 인사를 나눈다. 도심에서 그랬다간 이상한 사람으로 보겠지만, 산에서는 누구를 막론하고 먼저 인사를 건넨다. 자연 앞에선 인간이 순수하고 겸손해지며 마음의 문을 활짝 열기 때문이리라.

산길을 걸으며 중얼거리던 말, 자연과 인간과의 어울림을 보며 느낀 점, 기억에 남는 추억을 짧은 글과 스케치로 남기려 한다.

산에서 찾은 삶의 모습

'뫼꾼' 의 자세

산 마니아를 일컬어 '산꾼'이라 부른다. 백두대간 능선을 걷는 사람은 '대간꾼', 정맥 능선을 훑고 다니는 사람은 '정맥꾼'이다. 통칭해 우리말로 '뫼(山)꾼'이라 부르고 싶다. '뫼꾼'이 갖추어야 할 기본 자세는 지나간 흔적을 남기지 말고, 산짐승과 식물을 깨우지 말고, 산신령님도 눈치를 채지 못할 만큼 살금살금 다녀와야 한다는 것이다.

가장 아름다운 산행은 자연과 동화되어 한 몸처럼 걷는 것이며, 산과 씨름하듯 씩씩거리며 걷는 모습은 자연스럽지 못하다.

▶ 산행에서 겸손, 인내, 포용, 그리고 감사하는 마음을 배운다. 그날 몸 상태에 따라 10시간 걸을 수 있는 사람이 서너 시간 만에 산행을 포기하는 경우도 있고, 8,000m급 고산을 올랐던 사람도 6,000m 베이스캠프에서 고소증으로 사망하기도 한다. 만용이 통하지 않는 곳이 산이다. 힘들고 험난한 상황과 마주치고, 한 발자국도 못 움직이는 탈진 상태에서 이를 극복하는 인내와 지혜를 배운다. 산의 품에 들어가면 포용하는 마음이 저절로 우러나며, 동행자와 힘을 나누고, 내가 가진 것을 아낌없이 남에게 베푼다.

▶ 사회에선 남이 나보다 앞서 나가면 공연히 기분이 나쁘며 자존심이 상한다. '나도 너보다 앞설 수 있어. 내가 너보다 못할 이유가 뭐야?'라는 반발과 시기심을 갖기 때문이다. 그러나 산에서는 추월을 당해도 전혀 기분이 나쁘지 않다. 산행 중 누가 내 뒤에 바짝 따라오면 자연스레 길을 비켜 준다. 목적지, 하산 시간, 걷는 속도가 사람마다 다르기 때문이다. 산행 이력이 좀 붙은 산꾼이라면 경험을 통해 자신의 속도와 체력을 잘 알기에 다른 사람의 추월도 기분 좋게 받아들인다. 이처럼 산행은 자신을 알게 하고 마음을 너그럽게 만든다.

▶ 산을 오르는 이유는 속세의 허상을 버리고, 나의 참다운 내면을 들여다보며, 자유를 느끼고 싶어서다. 산은 내 모습이 어떻든 내 감정이 어떻든 상관하지 않고, 무한포용으로 받아들여 상처 난 마음을 어루만져 준다. 바위에 튀어나온 돌부리는 미끄러지지 않게 발을 잡아 주고, 죽은 나무뿌리는 손잡이를 내주며 산길의 안내자 역할을 마다치 않는다.

▶ 산행이 힘들 때면 산과 밀당(밀고 당기기)하는 심정이다. 그러나 산과 밀당한다는 말은 어불성설이다. 산은 가만히 있는데 나 혼자서 하는 밀당은 아무 의미가 없다. 대등한 구도라야 밀당이

성립하나, 산과는 비교 상대가 되질 못하니 '나 자신과의 밀당'이라고 해야 옳다. 극한 상황을 극복하는 방법은 결국 자신과의 싸움에서 이기는 것이다.

산길을 걸을 수 있음에 감사하고, 힘든 걸음에서 인내를 배우고, 나를 받아 준 산신령님께 겸손으로 보답하는 것이 뫼꾼의 도리다. 산을 내 몸같이 즐길 줄 아는 뫼꾼의 표정은 여유롭고 걷는 모습도 편해 보인다.

지리산과 나

흰 눈 쌓인 능선이 눈에 선해 새벽 기차에 몸을 싣고 지리산 종주에 나섰다. 노고단에서 부는 찬 공기가 폐 속 깊숙이 스며든다. 헤드 랜턴 불빛에 발걸음을 맡기고 눈 덮인 산길을 무심히 걷는다.

혼자 걷는 산행에서 행복을 느끼는 이유는 자유로운 시간, 편한 발걸음, 내 멋대로의 산행이 좋아서다. 인간은 사고능력을 갖췄기에 고독하고, 그 고독을 즐기며 희열을 느낄 수 있는 유일한 동물이다. 혼자 있어도 마음의 평온을 느낄 수 있다면 그 이상 바랄 것이 없다. 온갖 잡념과 근심 걱정, 증오를 훌훌 털어 버리고 편안한 시간을 가진다. 무상무념 속에 모든 생각을 두 다리에 얹고 무작정 걷다 보면, 불현듯 나와 동행하고 있는 또 다른 나를 발견한다.

걸으며 마음을 열고 골똘히 생각하는 시간을 즐긴다. 논리적인 사고와 감성적 사고가 뒤섞이기도 하고, 간혹 무거운 주제가 화두로 떠오르기도 한다. 인생이라든지 분노, 사랑, 질투와 같은 무형의 대상도 주제가 되며, 결론을 얻기는 어려워도 골똘히 생각하는 귀중한 시간이 주어진다. 산에서는 걷는 일 외에는 다른 할 일이 없으니 생각에 몰입할 수 있다. 머릿속이 복잡할 때에는 시선을 멀리 앞산에 두고 멍하니 앉아 명상하면, 모든 잡념이 눈 녹듯 사라진다.

다리의 피곤함도 눈이 펑펑 내리는 천왕봉 정상에선 환희와 행복으로 바뀐다. 복잡한 번뇌도 대자연 앞에선 무의미하다는 것을 깨닫고, 고민은 산자락에 남겨 두고 홀가분한 마음으로 하산한다. 행복한 미소가 입가를 가득 채운다.

산 그림

산 그림은 아름답다.
몸과 마음이 담긴
산을 품은 모습은 한 폭의 수묵화다.
스쳐 지나는 영상이 아닌
영원히 남을 그림이다.

산길을 걸으며 마음속으로
그리고 또 그린다.
산 그림은 자연에 묻혀 있는
진실을 표현한다.
몸과 마음을 묶은 자연의 울타리에
산 그림이 살아 움직인다.

노도와 같은 폭풍이 휘몰아쳐도
산 그림은 헝클어지지 않는다.
산 그림 속에는
끈끈한 정이 듬뿍 담겨 있다.

지리산 능선과 하늘

산 그림의 배경은
늘 푸른 하늘이다.
파란 하늘은 사람을 편안하게 한다.
파란색에서 호감을 느끼는 이유는
신뢰가 있기 때문이다.
하늘이 무너진 적 없으니
파란색은 신뢰를 상징한다.

산 정상에서 파란 하늘을 배경으로
광활한 산야를 내려다본 산 그림은
마음마저 초록색으로 물들인다.

미터와 킬로미터의 차이

한라산의 높이를 1.9km라 하지 않고, 에베레스트의 높이를 8.84km라 하지 않는다. 한라산의 높이는 1,950m이고, 에베레스트의 높이는 8,848m다.

어떤 연유로 수직 높이는 'm'로 표기하고, 수평 거리는 'km'로 표기하게 됐는지는 잘 모르겠으나 그렇게 통용되고 있다.

알고 보면 'm'와 'km'에는 미묘한 차이가 있다. 'm'로 표시하면 정점을 나타내며 의무적인 목표가 있는 것 같고, 'km'로 표시하면 긴 능선을 의미하며 마냥 걸어야 할 듯하다. 산에 갔다 온 후에 "몇 km를 걸었다."는 것과, "몇 m 높이까지 갔다 왔다."는 것은 의미가 다르다.

한편으론 일맥상통한 면도 있다. 수 'km'의 수평거리를 걷다 보면 'm'로 표기된 정점에 도달한다. 'km'가 결국은 'm'로 표시된 정상으로 이어진다. 보통 낮은 단위인 'm'가 먼저이고 그 값이 커지면서 '㎞'로 변하는데, 산행에서는 그와 반대로 수 'km'를 걸어야 낮은 단위인 'm'로 표시된 정점에 도달한다. 'm'는 그 높이까지 올라야 한다는 강박감을 주지만, 'km'는 장거리 걸음의 느긋한 맛을 풍긴다.

어떤 사람은 'km'의 과정 없이 'm'의 정상만을 추구하고, 어떤 사람은 'm'의 정상은 염두에 없고 'km'의 과정만을 고집한다. 'km' 과정을 차근차근 밟아서 'm'로 표시되는 위치에 오른 사람이라야 제대로 정상에 서 있을 자격이 있다. 'km' 차원의 삶이 'm' 차원의 삶보다 훨씬 인간적이다.

'km'로 표시된 산길을 무작정 걷고 싶다. 'm'로 표시된 정점이 없어도 좋다. 푹신한 솔잎으로 뒤덮인 오솔길, 자작나무, 전나무 숲길, 평탄한 오르내림이 연이어 있고 중간중간 목을 적셔 주는 샘물만 있다면 'km' 산길을 온종일 걷고 싶다.

산과 나누는 대화

산길은 '마음 길'이며 '생각 길'이다.
산길을 걸으며 나누는 대화는
웃음이 끝이질 않는다.
자연 속에서는 마음이 너그러워져
대화가 솔직하다.
설령 고민과 다툼이 있다 해도
자연이라는 든든한 후원자 앞에선
이토록 담대해진다.

내 발자국이 맞장구쳐 주는
오솔길에서의 대화는
진솔함을 담고 있다.
소소한 것이라도
그 속에서 진리를 깨우친다.

자연의 품에 안겨 산과 나누는 대화는
다정함과 사랑이 넘친다.
산길을 지나는 사람들의
화기애애한 대화가 정겹게 들린다.
자연 속에서의 열린 대화는
공감의 창구를 만들어 준다.

걸으며 나누는 일상의 얘기, 인생 얘기, 사랑 얘기,
생각을 주고받는 대화는 자연스럽고 끝이 없다.

탁 트인 자연 속을 걸으며 나누는 대화
자연은 마음의 문을 활짝 열어젖힌다.

작품명, 매월당詩 만의(晩意) 산골짜기
구름을 바라보며 나의 머문 자취를 돌아본다.

비 오는 산길에서

가을비가 주룩주룩 내린다.
우산을 받쳐 들고
낙엽이 깔린 촉촉한 산길을 호젓이 걷는다.
가을비는 서정적이고 남자에게 잘 어울린다.
갈색 톤의 세상, 발아래로 부서지는 낙엽 소리
나무를 타고 흐르는 빗물의 세레나데와 그 잔영이
온몸을 쓸쓸히 파고든다.
비를 맞으며 걷는 낙엽 깔린 촉촉한 산길
가을비에 젖은 호젓한 산책에서 고독을 즐긴다.

가을비는 결실과 소멸을 부추긴다.
봄비는 만물이 기지개를 켜도록 도와주지만
가을비는 만물이 스러지도록 재촉한다.
나무의 옷을 벗기고
낙엽을 떨구어 땅을 갈색으로 칠한다.
봄의 생성, 여름의 무르익음, 가을의 결실,
결실의 종착점에서 내리는 가을비는
세상을 씻어 주는 생명의 샤워다.

비 오는 날 산행은 분위기가 있어 좋다. 부슬부슬 내리다 멎기도 하고, 가끔 구름이 걷히며 싱그러운 계곡이 나타나기도 하며, 온갖 자연의 비경을 파노라마로 보여 준다. 작은 우산을 받쳐 들고 호젓한 산길을 걷노라면 저절로 기분이 좋아진다.

비 오는 산길이 좋은 이유가 몇 가지 있다.

▶ 조용해서 좋다. 야호 소리도 없고, 부산스런 발소리도 없이 고요하다. 촉촉한 산길, 조용한 분위기가 마음을 가라앉힌다. 혼자서 온 산을 감싸 안고 걷는 기분이다.

▶ 흙과의 대화가 정겹다. 날씨 좋은 날은 멀리 눈을 두나, 비 오는 날에는 땅을 보며 걸을 수밖에 없다. 평소에 안 보이던 것들이 아주 정겹게 느껴진다. 흙 낱알 하나하나가 빗물을 촉촉이 머금어 초롱초롱한 모습, 바위와 흙의 조화, 낙엽과 그 밑을 기어 다니는 작은 벌레들의 움직임, 빗물의 자연스러운 흘러내림, 인공미나 가식이 없는 자연 그대로의 모습에서 오묘한 조화를 엿볼 수 있다.

▶ 생명력이 느껴진다. 촉촉한 대지에는 새 생명을 잉태하고 탄생시키는 생동감이 있다. 날벌레가 비 오는 동안은 숨죽이고 있다가 비가 그치자마자 날갯짓을 하며 활기를 되찾는다. 거미줄에 맺힌 물방울이 햇빛에 반짝이는 모습을 보면 황홀하다. 빗물을 머금은 싱그러운 나뭇잎, 풀잎, 촉촉이 젖은 나뭇가지는 생동감을 불러일으킨다. 모든 자연의 색깔이 더욱 선명하게 보인다. 풀잎에 맺힌 물방울이 바짓단을 흠뻑 적셔도 시원한 감촉이 좋다.

▶ 천상의 음악을 들을 수 있다. 빗줄기가 떨어지며 만들어 내는 소리는 온종일 들어도 지루하지 않다. 인위적인 소리는 아무리 좋은 음악이라도 계속 들으면 지겨우나 빗줄기가 만들어 내는 자연의 소리는 온종일 들어도 지루하지 않다. 편히 귀를 스쳐 갈 뿐이

다. 그렇다고 인상적인 선율이나 화음이 있는 것은 아니지만 잔잔한 여운이 오래도록 귓가에 남는다. 빗줄기가 나무에 떨어지며 내는 소리는 아름답다. 넓은 잎, 좁은 잎, 두꺼운 잎, 얇은 잎, 크기나 모양에 따라 빗방울이 만들어 내는 소리는 완벽한 오케스트라다. 자연이 연주하는 곡에도 멜로디가 있고, 화음이 있고, 합창도 있어 황홀한 감동을 선사한다.

▶ 그리움이 샘솟는다. 빗소리를 들으며 조용히 걷노라면 누군가 만날 것 같은 기대에 마음이 한껏 부푼다. 꼭 사람이 아니어도 좋다. 그냥 막연한 그리움이다. 외로움과 고독이 온몸을 휘감을 때 오히려 행복함에 푹 젖을 수 있다. 비 오는 날 산길에서 누릴 수 있는 호사다.

회색 석양, 그 고고한 아름다움

온 세상이 회색으로 덮여 있다.
침울한 회색이 아닌 신비로운 회색이다.
뿌연 망사 천이 하늘을 둘러친 듯 몽롱하다.
회색 하늘과 붉은 석양의 모습이 신비롭다.

회색 캔버스에 붉은 쟁반 하나를 걸어 놓았다.
촛불에 그을린 유리판을 통해 보듯
태양의 둥근 윤곽이 보름달처럼 선명하다.
태양 주위를 감싸고 물결치는 얼룩무늬가 너울너울 살아 움직인다.

망망 회색 바다에 돛대도 없이 둥근 공 하나가 덩그러니 떠 있다.
어찌 보면 외로워 보이고 어찌 보면 당당해 보인다.
도도한 아름다움이다.

구름으로 얼굴을 가린 석양의 실제 내면은
거대한 용트림으로 어마어마한 혼돈의 세계다.
겉모습은 얌전한 새색시
다소곳이 너울너울 춤추며 내면의 혼돈을 감추고 있다.

하늘하늘 긴 옷 입고 춤추는 여인의 아름다운 자태다.
사랑하는 연인 사이에 늘어뜨린 베일인가.
낭만적 사랑, 비극적 사랑을 모두 품고 있는 듯
희뿌연 신비로움은 그저 아름다울 뿐이다.

호기심을 자극하는 매력이 숨어 있다.
알고 싶고, 더 가까이 가고 싶다.
매력을 조금씩 발산하며 영원히 지속할 듯하다.

짙은 베일도 아니고 투명 베일도 아니다.
실루엣으로 보이는 회색 석양은 고고한 아름다움이다.

여울을 바라보며

무심코 계곡에 걸친 징검다리를 건너다 휘돌아 흐르는 여울을 바라본다. 샘물에서 발원하여 계곡, 강, 바다를 지나며 점점 규모가 커지고 역할도 커진다. 물은 예술가, 조각가, 건축가이면서 어마어마한 힘도 갖고 있다. 동식물뿐 아니라 무생물에도 생명을 불어넣는다.

유연히 흐르고 있는 물길을 보고 있노라면, 인간에게 전하는 말소리가 들린다. 물 색깔, 자태, 형상도 예사롭지 않지만, 장애물을 만나 대응하는 처신은 지혜롭다. 장애물을 만나면 단번에 돌파하지 않고 슬그머니 피한다. 바윗돌이 있으면 다독거리듯 그 주위를 휘돌아 흐를 뿐 저항하지 않는다. 중력에 자기 몸을 맡긴 채 자연의 섭리대로 빈자리를 찾아 자연스레 흐른다.

여울은 서로 뒤섞여 물거품을 만들기도 하고
용트림하듯 솟아오르기도 하고
어깨동무하여 너울너울 조화를 이루며 넘실거린다.

숨 가쁘게 달려오던 물줄기가 치마폭을 펼치고
여울 각시 쉬리와 놀다 주위를 휘둘러보고 떠난다.
굴곡진 물길은 모래톱을 돌아 여유롭게 흐른다.

천천히 뒤돌아보는 삶, 여울과 한 몸 되어 아쉬움을 남긴다.

수백 수천 년 동안 물길이 원하는 방향으로 길을 만들며 흘러간다. 깎을 곳은 깎고, 덧댈 곳은 덧대면서 장애물과 화합하며 자연스러운 물길을 만들어 간다. 물의 흐름에는 완곡(緩曲)이 있고 여울도 있어 자연스럽다. 물의 흐름은 자연 그대로 따라 흐르면서 퇴적물을 떨구고, 모래톱을 만들어 여러 동식물의 보금자리를 제공한다.

흐르는 물을 바라보고 있으면 배울점이 참 많다. 장애물을 만나 피해 가는 것 같지만 그 장애물을 점차 물길에 순응시키는 힘을 갖고 있다. 모난 돌은 둥글게 변화시키고, 가로막은 절벽은 휘감아

돌면서 자연의 순리에 따르며 흐른다. 이것이 바로 인간이 자연에서 얻어야 할 진리이다. 우리 삶도 물 흐름처럼 자연스레 어울려 살아가는 법을 배워야 한다. 정체할 곳에서는 멈춰 서 자신을 뒤돌아보고, 모래톱을 만나면 찌꺼기를 털어 몸을 가볍게 해야 한다.

노자(老子)의 사상대로 '상선약수(上善若水)', 즉 물 흐르듯 세상의 흐름을 거스르지 말고 살아가는 지혜를 터득하는 것이 인생의 과제인 듯하다.

중년 남성을 위한 가을 병 무료 치료소

유독 남자들이 가을에 위축되고 소심해진다. 우울증의 일종이라는데, 발생 원인은 계절적 · 생화학적 요인이 있으며, 이는 의학적으로도 근거가 있다고 한다. 가을이 되면 햇빛이 줄어들어 '멜라토닌'이라는 신경전달물질이 적게 분비되며 생체리듬에 문제가 발생한다는 것이다. 기온의 변화가 남성 호르몬의 불균형을 초래하며 우울증이 나타난다. 싸늘한 날씨에 푸른 가을 하늘을 바라보며 바바리코트 깃을 세우고 낙엽 쌓인 길을 외로이 걷는 낭만적인 모습은 계절적 요인이다. 그런데 좋게 말해 낭만적이지, 심리적 불안상태에다 우울증 증상이 엿보인다. 중년의 나이엔 견디기 버거운 일이 많은데, 계절적 분위기가 마음을 더 심란하게 만드는 것이다.

가을 병에 걸린 남자를 무료로 치료해 주는 곳이 있다. 바로 '산'이다. 멜라토닌을 만들고 엔도르핀 생성으로 온몸의 혈을 뚫어 사통팔달 시원하게 치유해 준다. 마음속 응어리를 풀어 주고 불평불만을 모두 들어 주는 곳이 바로 '산'이다.

마음을 비우고 새로운 희망을 채울 넉넉한 공간을 만들어 주며, 나라는 존재의 소중함을 일깨우고 모든 것에 감사하는 감성을 처방한다.

산신령님이 바로 '가을을 타는 남자'의 주치의이다.

▶ '바람 쐬러 가고 싶다'는 말은 머리가 복잡할 때나 좀 쉬고 싶을 때 하는 말이다. 시원한 에어컨 바람도 있는데 굳이 다리품 팔아 가며 바깥바람을 쐬러 가는 이유는 자연에서 부는 바람, 즉 신선한 공기를 맞고 싶은 것이다. 인공적이 아닌 정체된 공기가 아닌 자연의 바람, 즉 기(氣)가 들어간 바람은 생명체에 활기를 불어넣는다.

에어컨이나 선풍기에서 만든 인위적인 바람은 일정한 파동을 반복적으로 발생하므로 피부에 자극을 준다. 오래전부터 자연 바람을 맞고 인간이 진화했으니 당연히 그 바람이 몸에 편한 것이다.

나의 사고(思考)가 인공바람에 얹혀 있을 때와 자연 바람에 얹혀 있을 때 전혀 다른 느낌을 준다. 선풍기 바람을 맞으며 생각하는 것과 산바람을 맞으며 생각하는 것은 감성이 다르기 때문이다. 시원한 산바람은 가슴을 활짝 열어젖히고 혼란스런 머릿속을 말끔히 비워 새 마음을 만들어 준다. 그래서 산바람을 맞으러 가는 것이다.

▶ 땀을 흘리고 정상을 밟은 후에 내려오는 산길은 항상 즐겁다. 온종일 긴 산행을 마치고 흠뻑 흘린 땀으로 가벼워진 몸, 비록 다리는 뻐근하지만, 기분 좋은 피곤함이 몰려온다. 시원한 막걸리 생각에 군침이 도는 허기 감은 또 다른 행복이다. 비워진 정신과

육체는 새로운 것을 받을 준비로 한껏 부풀고, 빈자리는 희망과 미래를 채울 준비가 되어 있다. 내 몸과 마음은 받아들이기만 하면 된다.

하산이 괴로운 때가 있다. 사회적 지위와 명예를 잃고 하산할 때다. 인사치레의 존경과 허울뿐인 명예를 잃고 나면 빈껍데기만 남는다. 자존심을 잃었을 땐 누구를 막론하고 자괴감이 엄습한다. '왕년의 내가 누군데 나를 괄시해?' 자존심은 마지막 남은 자아이기에 검찰에 불려 간 유명 인사가 자살하는 이유도 자존심의 괴멸 때문이다.

산행을 마치고 하산할 때쯤이면 자연스레 몸과 마음이 비워지고 새로운 것을 채워 넣을 희망의 공간이 넉넉해진다.

▶ 비 온 후의 산길은 거미줄 천지다. 거미줄은 비가 그친 후 곤충들이 날개를 말리려 비행하는 것을 노리는 거미의 무기다. 그러나 등산객에겐 얼굴에 휘감기는 거미줄은 아주 귀찮은 존재일 뿐이다.

후덥지근한 날씨엔 산모기와 날파리가 극성이다. 산모기는 걷는 중에도 옷 위에 달라붙어 마구 찔러 대고, 날파리는 쫓아도 쫓아도 끈질기게 얼굴에 달라붙는다. 거미줄은 사람에겐 단지 귀찮을 뿐이지만, 날벌레에겐 목숨이 걸린 포획 줄이다. 등산객이 거미줄을 걷어치우면 모기나 날파리에겐 구세주이겠지만 거미에겐 몹쓸 방해꾼일 것이다.

거미줄을 치우자니 거미에겐 좀 미안한 마음이 든다. '내가 지나간 다음에 줄을 치면 뒤를 따라오던 모기와 날파리를 싹쓸이할 수 있을 텐데 거미와 대화할 방법이 없네.' 거미한테도 좋고 나한테도 좋은데 어떻게 전달할 방법이 없어 안타깝다.

▶ 자주 산책하는 동네 뒷산이 있다. 왕복 1시간 반 거리인데, 여유가 있으면 끝까지 갔다 오지만 그렇지 않은 경우엔 중간에 되돌아와야 한다. 쉼터가 아닌 외길 오솔길에서 발길을 돌리려면 좀 민망하다. 마주 오던 사람이나 뒤따라오던 사람이 갑자기 뒤돌아서는 나를 보곤 놀란다. 길에 아무도 없다 해도 혼자 슬그머니 뒤돌아서려면 머쓱하고 민망하다.

산행에서 제일 탐탁지 않은 코스가 갔던 길을 되짚어 오는 것이다. 원점회귀 코스라고 해도 가는 길과 오는 길이 다르면 그런대로 걷는 맛이 나지만, 갔던 길을 그대로 되짚어 오는 산행은 재미가 덜하다.

하던 일을 갑자기 그만두었을 때 이런 머쓱한 기분이 든다. 중도에 일을 그만두면 민망하고 자신을 뒤돌아봐도 쑥스럽다. 온 길을 되짚어 가기에는 더더욱 쑥스럽다. 되돌아갈 수밖에 없다면 전진하며 다른 길을 찾는 것이 옳은 선택이다. 새로운 길을 개척하려면 모험이 따르고 두려움이 앞서지만, 그래도 머쓱한 돌아서기보단 낫지 않을까? 중도에 포기하고 주저앉기보다는 앞으로 나아가며 새로운 모험과 맞닥뜨리는 편이 낫다.

▶ 중국 무협지에 자주 등장 하는 축지법, 도사는 시간과 공간을 초월한 축지법을 다반사로 쓴다. 눈 깜짝할 시간에 천 리 길을 갔다 왔다 하는 고도의 도술(道術)이다.

나도 요즘 축지법을 쓰는 경지에 도달한 것 같다. 자주 다니는 산책길을 무심코 걷다가 정신을 차려 보면 '언제 내가 여기 와 있지?' 하곤 깜짝 놀란다. 동네 뒷산 산책로는 중간쯤에 도로가 하나 있는데 언제 건넜는지 생각이 안 난다. 좋은 말로 축지법이고, 현실은 '실시간 건망증'이다. 항상 다니는 길이라 무의식중에 걷다 보니 그렇다고 변명해 보지만, 그래도 지나온 궤적을 기억하지 못한 것은 분명 '건망증 축지법' 과정에 입문한 것이다.

시간과 공간을 넘나드는 '건망증 축지법'은 조금만 지나면 고급 단계인 '치매 축지법' 과정으로 월반할 가능성이 높다. 이런 건망증 축지법 속성반은 정말 피하고 싶고, 유급해서라도 열등반으로 계속 남아 있으련다.

▶ 같은 물인데 매번 맛이 다르다. 산행 중에 마시는 시원한 옹달샘은 그 어떤 물맛과도 비교할 수 없다. 요즘 편의점에 가면 먹는 물 종류가 너무 많아 헷갈린다. '육각수', '심층 해수'라고 해서 보통 물값의 몇 배 비싼 것들도 있다. 미용에 좋고 몸에도 좋다지만, 심심산골 계곡 물과는 비교가 안 된다.

물맛이 매번 다른 이유는 내 몸의 상태에 따라 맛을 다르게 느끼기 때문이다. 같은 물인데 텁텁하기도 하고, 씁쓸하기도 하고, 달게도 느껴진다. 내 몸이 느끼는 맛이 바로 그때의 물맛이다. 최상의 물맛은 땀을 흠씬 흘리고 몸이 필요로 할 때 마시는 한 모금의 물이다. 목을 넘어가자마자 바로 온몸으로 흡수되는 생명수이다. 그때의 물맛으로 행복을 느낀다.

수시로 변하는 마음도 물맛의 변화와 같다. 마음먹기에 따라 기쁘기도 하고, 슬프기도 하고, 좋아하다 싫어지기도 하고, 친구로 지내다 원수가 되기도 한다. 물맛이 몸에서 느끼는 대로 변하듯, 마음도 생각의 관점에 따라 수시로 변한다. 그러나 물은 물 그대로 있고, 내가 느끼는 맛이 다를 뿐이라는 사실을 잊지 말아야 한다.

▶ 까마득히 멀리 보이던 산이 점점 가까이 다가오고 있다. 출발할 때 언제 저기까지 걸어가나 막막했는데, 걷다 보면 어느새 손에 닿을 듯 가까이에 와 있다. 한 걸음이라고 해 봐야 두 자, 약 60cm에 불과한 데 이 한 걸음 한 걸음이 모여 1km가 되고 2km가 되어 하루 산행을 이어 간다.

지나는 길에는 편한 능선도 있지만, 바위 릿지, 낭떠러지, 깊은 계곡, 등 험난한 난관이 펼쳐져 있다. '조심스러운 한 걸음'은 목표 지점까지 안전하게 안내하지만, '건방진 한 걸음'은 사고로 이어진다. 수만 보의 걸음 중 단 한 걸음의 실수가 돌이킬 수 없는 사고를 일으킨다. 사소한 행동도 주의하며 또박또박 다져 가며 걸어야 한다.

걷기 위해선 온몸에 있는 수백 개의 근육과 운동신경이 일체가 되어 제 역할을 해 줘야 한다. 발가락 하나라도 문제가 있으면 한발을 내딛기도 어렵다. 내 몸과 자연이 완벽한 화합을 이루어야 걷는 것이 가능하므로 한 걸음을 매우 존귀한 행위로 여겨야 한다.

▶ 다리 근육에도 태엽이 있다. 산행을 시작하면서 5시간짜리로 감으면 5시간을 걷고, 10시간짜리로 감으면 10시간을 걷는다. 5시간짜리로 감고 출발한 산행은 어김없이 5시간 만에 피로가 찾아온다. 같은 다리인데 어떤 태엽을 감고 출발하느냐에 따라 걷는 거

리가 달라지는 것이다. 이런 현상은 마음가짐으로밖에 설명할 방법이 없다. 마음가짐이 다리의 지구력을 지배한다는 얘기다.

사람마다 걷는 능력이 다르므로 자기의 한도를 알고 산행을 시작해야 한다. 중요한 건 출발할 때 여분의 태엽을 30% 정도 더 감고 출발해야 한다는 것이다. 태엽이 탄성 한도를 넘어서면 변형이 일어나 제 기능을 못 하듯, 다리 근육도 탈진하면 오도 가도 못하고 주저앉게 된다. 평상시 다리 태엽의 탄성을 높이는 훈련을 통해 예상치 못한 비상 상황에 대처할 수 있는 능력을 키워 놔야 한다.

▶ 고교시절 학교에서뿐 아니라 학원가에서도 실력이 있다고 이름났던 한 선생님이 떠오른다. 선생님은 비염이 있었는지 수업시간에 수시로 손수건을 꺼내 코를 푼다. 꼬깃꼬깃한 손수건을 주머니에서 꺼내기를 수업 내내 반복하는 모습이 별로 청결해 보이지 않았다.

추운 날씨엔 감기에 안 걸렸어도 손수건을 자주 쓴다. 걷기에 바쁘니 구겨진 채로 주머니에 넣었다 뺏다를 반복하면 어느 틈에 꼬깃꼬깃해진다. 좀 지저분해 보여도 구겨진 손수건이 사용하기에 편하고 효율도 훨씬 높다는 사실을 알았다. '아! 그래서 그때 선생님이 그 꼬깃꼬깃한 손수건을 즐겨 쓰셨구나!'

조금은 구겨진 삶이 어찌 보면 반듯한 삶보다 더 인간적이고 풍성한 인생을 사는 건 아닐까? 인생살이의 주름 하나하나엔 수많은 사연과 삶의 애환이 가득하다. 구겨진 채로 살다가 너무 꼬깃꼬깃하다 싶을 때 펴면 되지 않을까? 인생의 전환점이 찾아왔을 때, 예를 들면 군대에 가거나 취직하거나 결혼하거나 퇴직하게 됐을 때와 같이 인생의 전환점을 맞았을 때 그동안 구겨진 삶을 반듯이 펴 주는 것이다.

어떤 길을 선택하는 것이 올바른 삶일까?

산길을 걸으며 발밑에서 부지런히 움직이는 개미를 볼 때마다 애처롭기도 하지만 생사를 초월한 그들만의 삶의 패턴에는 뭔가 특별한 것이 있을 거라는 호기심이 든다. 언제 자기에게 재앙이 닥칠지 모르는데 이를 개의치 않는 행동은 경이롭기까지 하다. 만약 두려움을 갖고 있다면 개미굴 밖으로 나오지 못하고 땅속에 파묻혀 다른 방법으로 살았을 것이다. 그러나 개미는 생존을 위해 죽음을 초월한 행동을 감행하도록 진화한 것이다. 굴속에서 소멸하느니 그래도 확률적으로 생존 가능성이 높은 외출을 선택한 것이다.

개미는 개체 수가 많다 보니 전 세계의 개미 몸무게를 합치면 인류의 몸무게를 합친 것보다 더 무겁다는 말이 있을 정도다. 죽음을 두려워하지 않는 '생명코드'가 있어 개미를 영원히 존재할 수 있게 하는가 보다.

이것저것 따지다 보면 변화와 발전이 있을 수 없다. '도전'이라는 단어에는 불확실성이 포함되어 있지만, 생사를 초월할 각오라면 이 세상에 못할 것이 없다. 도전이 반드시 성공으로 연결된다는 공식은 없지만, 안 하는 것보다는 약간의 가능성이 있다. 단순히 생존에만 목표를 두는 인생은 무의미하다. 개미처럼 모험에 도전하는 용기를 본받아야 한다.

급작스러운 사고나 병으로 죽음을 앞둔 사람에게는 생존이 얼마나 처절한 단어인지 생각해 본다. 30대 젊은이가 암을 선고받고 시한부 인생을 살며 매일 매일의 감정을 일기로 쓴 글이 인터넷에 회자한 적이 있다. 가정 · 직장 · 친구 · 친지들과의 관계에서 만감이 교차하는 마음, 자신에게 느끼는 연민, 삶에 대한 미련이 절규처럼 점철된 글이었다. 나중에 오진으로 밝혀지면서 원래의 인생으로 돌아갔지만, 그동안 '시한부 삶'이란 상황이 그 사람의 감성을 180도로 바꾸어 놓은 것이다.

지금도 수많은 사람이 생사의 갈림길에서 정신적 극한 상황을 겪고 있다. 죽음을 눈앞에 둔 사람이 어떤 계기를 통해 새 삶을 찾았다고 가정하면, 그 기쁨과 환희를 무엇에 견줄 수 있겠는가? 눈에 보이는 모든 것이 사랑스럽고, 햇살도 나만을 위해 비춰 주는 것 같고, 원수지간의 사람도 모두 용서하고 싶고, 희망에 부풀어 모든 것에 감사하는 마음으로 가득할 것이다.

삶에서 죽음으로 또는 죽음에서 삶으로 바뀐다 해도 결국은 하나의 귀착점, 즉 용서와 포용으로 끝난다. 누구나 인생행로에서 갈림길을 수도 없이 만난다. 태어날 때의 성별, 학교, 직장, 사회생활, 결혼 등 맞닥뜨리는 모든 삶이 갈림길의 연속선상에 있다.

생명을 위협하는 날벼락 같은 생사의 갈림길은 항상 그림자처럼 쫓아다닌다.

어쩌다 등산객 발에 깔린 개미의 허무한 생이나 온갖 위험 속 생사의 갈림길에서 위태롭게 살아가는 인간의 생이나 별 차이가 없다. 우리는 누구를 위한 삶인지도 모르고, 삶의 목표가 무엇인지도 모르고, 올바른 삶이 어떤 것인지도 모르고 허둥지둥 남의 꽁무니만 따라 살고 있다.

한참 지나서야 주위를 돌아보며 멈칫한다. '내가 지금 어디에 와 있지?' 그러나 그땐 이미 되돌리기에는 너무나 먼 길을 지나왔기에 후회스럽다. 수많은 선각자가 경고도 주고 교훈을 남겼건만 우리는 지금도 그 모양으로 살고 있다.

도란도란 얘기를 나누는 사랑방 분위기가 그리우나 현실은 마음뿐이다. 인간은 대화를 통해 나를 발견하는 계기가 되는데, 사회가 온통 살벌한 흐름에 휩싸여 있으니 옳고 그름의 갈림길도 구분 못하고 무조건 달려만 가고 있다. 잠시 멈춰서 어떤 길을 선택하는 것이 올바른 삶인지 생각해 본다.

말벌의 악몽

말벌과 사투를 벌이는 악몽을 꿨다. 한북정맥 광릉구간을 산행할 때 말벌에 쏘였던 기억이 아직까지도 트라우마로 남아 있는가 보다.

말벌도 군대처럼 본대 앞에 초병이 있다. 처음엔 두어 마리가 달려들어 대수롭지 않게 팔을 휘저어 쫓았더니 갑자기 하늘이 새까매지며 본대가 떼거리로 공격해 왔다. 어찌할 바를 모르다가 풀숲에 납작 엎드렸더니 머리 위에서 한참을 윙윙거리다 사라졌다. 겨우 정신을 차리고 보니 머리, 등이 칼로 찌르는 듯 아프고 얼굴도 붓기 시작한다. 나중에 옷을 벗고 살펴보니 스무 군데나 벌침에 쏘였다. 꿀벌이나 땅벌은 한번 쏘면 침이 빠져 죽는데 말벌은 꽁무니를 빙빙 돌려 가며 서너 곳에 집중포화를 퍼붓는 고약한 놈이다.

근처 병원 응급실에서 링거와 진통제를 맞고 귀가했는데 2주 후에 쏘였던 곳이 다시 곪는 것을 보니 말벌 독이 독하긴 독한가 보다. 말벌은 꿀벌의 400배의 독을 가졌다니 벌 독에 약한 사람은 쇼크로 사망하기도 한다. 다행히 예전에 말벌과 땅벌에 쏘인 경험이 몇 번 있어 항체가 생겼는지 견딜 만했다. 남들은 돈 주고 벌침을 맞는다는데 공짜로 20방이나 맞았으니 대단한 보약을 먹은 셈 친다. 요즘도 산길에서 '웅~웅' 소리가 들리면 잔뜩 긴장한다.

말벌도 생존을 위해 독침과 공격전술을 터득한 것일 게다. 말벌의 천적이 오소리와 두꺼비라는데 데리고 다닐 수는 없고 두꺼비 기름이라도 바르고 다녀야 할까 보다.

흙의 위대함

흙을 밟으며 산길을 걷고 있노라면 신비로운 기운이 느껴진다. 인간은 흙을 밟으며 살고 있지만, 공기의 고마움을 모르듯 흙의 소중함도 잘 모른다. 흙이 1cm 생성되는 데 200년가량 걸린다고 하니 지구의 발자취가 고스란히 담겨 있음을 뜻한다. 유엔은 2015년을 '세계 흙의 해'로 정해 흙의 중요성을 일깨우고 있다.

인류의 문명과 문화는 거의 흙과 함께 발달했다. 흙의 성분을 분석해 보면 지구에 존재하는 생명체의 근본 원소인 수소(H) · 탄소(C) · 질소(N) · 산소(O) · 인(P) · 황(S)이 모두 들어 있고 수력 · 화력 · 원자력 등 인류가 쓰는 기본 에너지도 모두 흙으로부터 나왔다. 의약품이나 화장품의 원료, 특히 항생제 · 항암제의 대부분도 흙에 사는 미생물로부터 추출된다. 인류가 처음으로 달에 갔다 오면서 들고 온 것도 바로 달 표면의 흙이었다. 흙을 분석해 달의 생성과정과 생명의 존재를 파악할 수 있기 때문이다.

원시인들은 굴을 파고 땅속에 들어가 살았다. 추위와 바람을 막아 주고 동물의 접근도 막는 보금자리 역할을 했던 곳이 땅속이다. 온도변화가 적으니 주거 공간으로 이처럼 좋은 곳이 없다. 김장독을 뒤뜰 땅속에 묻어 두고 겨우내 조금씩 꺼내 먹는 것도 땅이

천연 냉장고와 온장고 역할을 하기 때문이다. 지저분해 보기 싫은 것들은 땅에 묻고 흙으로 덮어 버린다. 흙은 모든 것을 흡수해 정화하는 포용력을 갖고 있기에 쓰레기도 시간이 지나며 분해과정을 거쳐 다시 흙으로 돌아간다. 타임캡슐을 땅속에 파묻고는 100년 후에 열어 보자고 약속하는 것도 흙이 오랫동안 무사히 보관해 줄 것을 믿기 때문이다. 지구에서 땅속만큼 믿을 만한 곳이 없다는 얘기다.

생명은 땅에서 솟아오른다. 새싹이 돋고, 새 생명이 태어나는 모든 이치가 음에서 양으로, 즉 땅에서 세상 밖으로 나오는 현상이다. 식물의 싹도 흙에서 솟아나고 동물도 흙에 의지해 생존과 탄생을 반복한다. 생명이 다해 매장하거나 화장하거나 결국은 흙으로 돌아간다. 동양철학 주역(周易)은 하늘과 땅 그리고 그 가운데 인간이 놓인 우주의 틀 속에서 온갖 변화하는 과정을 64괘로 풀이했다. 생명을 잉태하고 종족을 보존하는 능력을 갖춘 여성을 땅에 비유하는 이유도 여성이 포용력, 참을성, 생존력에서 남성보다 우월하기 때문이다. 번개의 전기 에너지를 받아들일 수 있는 유일한 곳은 땅뿐이다. 지구 상 어떤 물체도 그런 어마어마한 에너지를 받아들일 능력이 없다.

중력은 모든 것을 흡인한다. 뛰고, 걷고, 하늘을 나는 행동은 흙의 힘, 즉 중력에 대항하는 행위다. 인간이 중력에서 벗어나려 온갖 묘안을 짜내 보지만 기껏해야 비행체를 하늘에 날리는 정도다. 우주의 블랙홀은 무엇이든 흡인하여 소멸시켜 버린다는데 그 속에는 어마어마한 흙덩이가 들어있는 것은 아닐까 상상해 본다. 지워버리고 싶은 기억들을 중력에 맡겨 흙 속에 빨려 들어가게 할 수 없을까? 땅이라면 이런 무형의 것도 받아 줄 것 같다. 오체투지로 땅에 엎드리는 고행도 흙이 모든 인간의 고뇌를 받아 주어 마음을 편하게 해 주리라 믿기 때문이지 않을까. 산길을 걸으며 흙 내음을 맡으면 모든 잡생각이 없어지며 정신이 맑아진다.

산을 대하는 마음, 초심과 겸손

아침에 출근하기 위해 차에 앉으면 어제까지 잘 맞던 룸미러의 각도가 제대로 안 맞는다. 밤사이에 눌려 있던 척추가 원상태로 돌아와 운전석에 앉은 높이가 달라져 나타나는 현상이다.

차를 출발하기 전에 룸미러를 조정하는 마음이 바로 초심을 찾는 것이다. 온종일 운전하다 보면 초심을 점차 잃는다. 처음 운전을 배울 때는 교차로 맨 앞에 서는 것도 가슴이 두근두근하고, 규정 속도로 달려도 조마조마했다. 그러다 좀 숙달됐다 싶으면 신호 위반에 끼어들기도 마다치 않는다. 세파에 휘둘리다 보면 나도 모르게 삶의 초심을 잃게 된다. 룸미러의 높이를 맞추듯, 잠시 일상을 멈추고 삶의 초심을 찾는 차분한 시간이 필요하다.

무슨 일이든 처음 시작할 때는 긴장되고 두려운 마음이 있기에 원칙에 충실히 행동한다. 백지 원고지에 첫 문단을 쓰려고 할 때 망설여지고, 흰 화선지에 처음 붓을 대려 할 때 조심스러운 것과 같다. 이력이 붙고 능숙해지면 자신감이 생기면서 오만함이 조금씩 발동해 원칙을 무시하고 편리한 쪽으로 가려고 한다.

산행에서도 항상 초심이 요구된다. 초행인 곳은 조심하고 준비를 많이 하지만 몇 번 다녀 익숙해지면 물병 하나만 달랑 들고 무심코 다니다 사고를 당한다. 얼마 전 울릉도 성인봉에 올랐다가 하산 길에 무릎인대를 다쳐 몇 달간 고생한 적이 있다. 여러 번 갔던 곳이고 등산로도 편해 등산화 대신 가벼운 운동화를 신고 간 것이 화근이었다. 대부분 사고는 초심을 저버리고 대충대충 처신하다 발생한다.

초심(初心)으로 산을 대하고, 겸손(謙遜)으로 산을 즐겨야 한다.

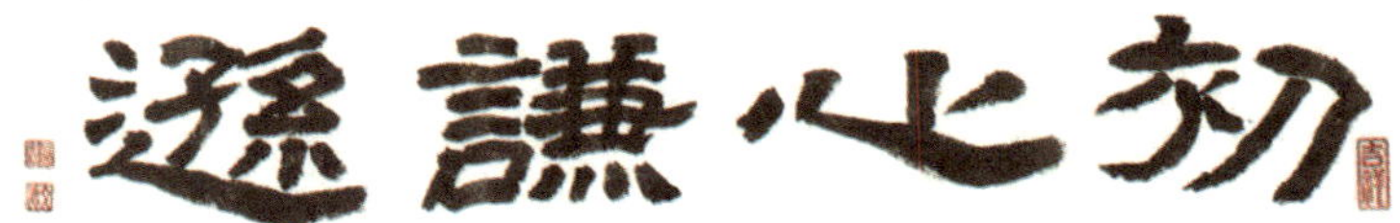

벗어야 할 쓸모없는 짐, 집착

새벽 전라선 기차에 몸을 싣고 지리산으로 향한다. 넉넉한 지리산 품에 내 몸과 마음을 내던지고 싶다. 새벽 4시, 노고단 밤하늘을 뒤덮고 있는 별들이 나를 감싸 안을 듯 다가온다. 차고 신선한 공기가 얼굴을 휘돌아 폐 속을 파고든다.

12시간의 긴 산행, 진눈깨비와 살을 에는 눈바람이 몰아치는 악천후에 육체를 짓누르는 피로감이 글려오지만, 오히려 정신은 맑아진다. 불현듯 머릿속이 맑아지며 떠오르는 단어가 하나 있다.

바로 '집착', 나를 괴롭히고 있는 것은 바로 과거로의 '집착'임을 깨닫는다.

소외감, 위축감, 의욕상실이 마음속 응어리로 자리 잡으며 불안감이 엄습한다. 왕년의 굴레에서 벗어나지 못하는 아집을 떨쳐 버리고 싶지만, 마음이 쉽게 허락하지 않는다. 이 세상은 내가 없어도 잘 돌아가고, 나에게 관심 두는 사람도 없고, 세상은 자연법칙대로 흘러가고 있는데 쓸데없는 집착으로 자신을 움츠리고 있다.

'집착'은 당장 벗어 버려야 할 쓸모없는 짐이다.

장거리 산행에서 느끼는 신비한 기 체험

나도 모르는 잠재된 힘을 느꼈다. 포천 근처 정맥 산행 중 7시간쯤 지난 지점에서 힘이 쭉 빠져 한 발짝도 움직일 수 없었다. 백두대간을 완주한 족력(足歷)을 갖고 있는데 이런 무기력은 처음 겪는다. 7월 중순의 30도가 넘는 날씨에 그늘도 없는 비탈길을 오르려니 힘든 것은 당연하다. 게다가 자업자득이지만 연이틀 술자리를 갖다 보니 시작할 때부터 몸 상태가 정상은 아니었다. 그래도 매주 산에 다닌 탄력을 믿고 산행을 시작했는데 몸이 따라 주질 못하니, 나 자신이 후회스럽고 좌절감이 든다. 무의식적으로 한발 한발 힘겨운 걸음을 옮겨 겨우 봉우리에 올랐다.

풀숲에 주저앉아 쉬는데, 저절로 눈이 감기며 정신이 몽롱해지고 무력감이 엄습한다. 배낭에 등을 기대고 잠시 눈을 붙였다. 딱 10분간이었다. 그런데 신기하게도 머리가 맑아지며 온몸에 뭔지 모를 힘이 솟아나는 걸 느꼈다. 내 몸에서 어떤 신비한 에너지가 만들어진 것은 아닐까.

조금 전까지만 해도 탈진해 꼼짝 못했는데 물 한 모금과 10분간의 휴식에 잠재되어 있던 어떤 힘이 나를 일으켜 세운 것이다. 이후 3시간 넘게 산행을 이어 갔지만 처음 시작할 때보다 몸이 더 가벼웠다.

분명 산신령님이 나의 '산사랑 마음'을 기특히 여겨 내 몸에 기(氣)를 슬그머니 넣어 주신 것임이 틀림없다.

기(氣)는 수증기가 피어오르는 모습의 상형문자다. 쌀 미(米)자가 들어 있어 음식을 제공한다는 뜻을 내포하고 있고, 음식을 준비하려면 불을 피워야 하니 땔감이라는 의미도 있다. 즉, 가마솥에 쌀을 넣고 불을 지피면 김이 하늘로 오르는 형상을 상상하면 氣자의 모습이 유추된다. 밥을 할 때 나오는 증기, 그것이 바로 氣다. 氣는 무엇인가 소멸할 때 밖으로 표출되는 에너지다. 인간이 과학적으로 풀지 못하는 것 중의 하나가 氣의 실체다.

10시간 넘는 장시간 산행에서 지칠 때쯤 뭔지 모를 힘이 솟아나는 것을 느낄 때, 그때가 바로 氣가 통하는 순간이다.

산행 시작 후 처음 한두 시간은 예열 단계로 다리에 밑불을 지피는 시기다. 서서히 화력이 오르며 氣가 통하면 발걸음이 가벼워진다. 지칠 때쯤 잔열이 힘을 발휘해 다시 불길을 솟아나게 한다. 氣가 되살아나는 시점이다. 장거리 산행에서 느낄 수 있는 氣 체험이다.

연꽃과 수련

연꽃과 수련은 수생식물로 비슷하다. 잔잔한 연못에 운치를 더해 주는 연꽃과 수련 모두 아름답다. 꽃의 모습이 비슷한 듯 보여도 연꽃에는 연근과 연밥이 있고, 수련에는 없다는 차이가 있다. 또한 연꽃은 뿌리에 영양분을 저장하고, 수련은 줄기에 영양분을 저장해 겨울을 난다는 점도 다르다.

개인적으로는 연꽃보다 수련이 더 매력적이다. 연꽃은 수면 위로 삐쭉 솟아 고개를 빳빳이 들고 도도한 멋을 부리지만, 수련은 수면 바로 위에서 수줍은 듯 얼굴을 내밀고 작은 꽃을 피운다. 연꽃은 고개를 높이 치켜들고 있어야 하니 긴 꽃대를 지탱할 튼튼한

줄기가 있어야 한다. 꽃과 잎이 모두 커 므게를 가볍게 하려고 물방울을 또르르 떨어뜨린다.

반면에 수련은 물 위에 떠서 물기를 고스란히 받아들이며 부끄럼을 타는 모습이 예쁘다. 또 다른 매력은 수련이 연꽃보다 더 진한 향기를 갖고 있다는 것이다. 수줍지만 매력을 감추기 힘들었는지 강한 향기로 벌 나비를 유혹한다. 그래서 드러내지 않는 매력과 은은한 향기를 뿜어내는 수련에 마음이 더 끌린다.

은은한 안갯속에 수줍은 여인처럼 얼굴을 내민 수련의 매력에 취해 본다.

순백의 공간, 동심童心

비 오는 소리, '후두두', 하늘이 무전 치는 소리
뻐꾹새 소리, '뻐꾹 뻐꾹', 엄마 몰래 무얼 훔쳐 먹다 딸꾹질하는 소리
젖소들의 발굽 소리, '탁탁 톡톡', 헛간에서 타자 치는 소리

자연의 소리를 어린아이들이 자기가 느낀 대로 표현한 말들이다. 아이들 표현과 행동을 보면 참으로 귀엽고 순수하다. 어른들도 다 그런 과정을 거쳤지만, 순수했던 어린 시절은 이미 잊은 지 오래다. 어려서는 어른 대접 받고 싶어 빨리 세월이 가길 바랐는데, 어른이 되어서는 시계 바늘을 거꾸로 돌리고 싶다.

회귀본능을 지닌 연어가 자기가 태어난 곳으로 되돌아가듯, 어린 시절 추억의 향수를 되새김질하는 것이다. 동심은 어른처럼 계산된 악의가 없기에, 개구쟁이 짓도 아름다운 추억이 된다.

동심이란 단어는 옛 기억을 더듬게 해 풋풋한 웃음이 솟는다. 무한한 가능성이 있어 공간에 희망을 써 넣을 수 있고, 세상의 온갖 것을 담을 수 있는 공간이 동심이다. 그러나 이런 순백의 공간에 잘못된 그림을 그렸다가는 흔적이 오래 남는다. 동심은 자연스럽고 순수하고, 속세의 때가 묻지 않은 본능 그대로를 간직하고 있어야 동심답다.

사람의 발길이 거의 없는 산속에서 자연의 경이로움과 맞닥뜨

리면 한발 내딛기가 망설여진다. 고요한 적막 속에 그대로 정지해 파묻힐 듯하다. 수백 년이 지난 이끼가 내 등산화에 밟혀 훼손되지나 않을까? 인간의 소리를 전혀 못 듣던 동식물들이 발소리에 놀라지나 않을까? 숲 속 동심에 때를 묻히는 건 아닐까 두렵다.

자연도 동심처럼 원래의 모습을 간직하고 있을 때가 가장 아름답다. 자연에 손을 댄다는 것은 동심에 때를 묻히는 것이다.

선두보다는 꼴찌가

선두가 아주 쉽게 꼴찌가 되는 경우가 있다. 산행 중에 앞서가다 길을 잘못 들어 되돌아가야 하는 상황에선 꼴찌가 선두로 바뀐다. 꼴찌가 장거리 산행에서 유리한 경우도 있다. 고산병이 우려되는 히말라야 산행에서는 뒤에서 천천히 가는 사람이 고산병을 극복하며 끝까지 선전한다.

2002년 2월 17일, 솔트레이크시티에서 열린 동계올림픽에서 만년 꼴찌 선수가 우승한 기적이 있었다. 쇼트트랙 1,000m 결승에서 상대가 모두 넘어지는 바람에 우승을 거머쥔 행운의 주인공은 호주의 '스티븐 브래드버리'란 사람인데, 누구도 그 선수가 금메달을 따리라고 예상치 못했다. 지금껏 올림픽과 세계선수권 등 국제대회에서 한 번도 5위 안에 든 적이 없었기 때문이다. 결승에서의 행운 한 번으로는 큰 화제가 안 될 텐데, 그 선수는 무려 세 번이나 연달아 행운이 따랐기에 더욱 믿어지지 않는 기적의 선수가 됐다.

8강전부터 행운의 여신이 밀어 주었다. 레이스 도중 넘어졌는데 상대가 실격당하는 바람에 4강에 진출했고, 준결승에서도 상대 선수 3명이 모두 넘어져 1위로 들어왔다. 5명이 출전한 결승전에선 꼴찌로 달리고 있었는데 앞서 가던 4명이 모두 넘어지는 바람에 여유 있게 단독 우승한 것이다. 벼락 맞을 확률이라는 복권 당첨이 연달아 3번 일어난 경우와 견줄 만하다.

인생살이에서도 꼴찌라고 생각한 사람이 오히려 더 부러운 모습으로 사는 경우가 많다. 잘나가는 사람보다 마음이 더 편해 보이고 정신적으로 여유롭게 산다. 몸이 허약한 사람이 건강한 사람보다 장수하는 이유도 자기의 몸 상태를 잘 알기에 항상 조심하고 모험을 멀리하기 때문이다.

엘리트 의식을 가진 사람은 아주 위험하다. 자만심에 가득 차 독선적으로 되기 쉽고 남을 무시하는 경향이 있다. 우월감에 도취해 자신을 잊고 점점 시한폭탄이 되어 간다. 언제 선두와 꼴찌가 뒤바뀔지 모르는 것이 인생인데, 영원히 선두에 있을 것이라고 착각한다.

'편짜기'에 담긴 뜻

산행하다 보면 자연스레 선두, 중간, 후미, 이렇게 세 편으로 나뉜다. 체력에 따라 갈리기도 하지만 개인 취향이나 성격과도 관련이 있다. 엇비슷한 체력을 가졌어도 성격이 급한 사람은 항상 앞에 나서려고 한다. 맨 꽁무니에서 뒷사람 챙겨 가며 이것저것 볼 것 다 봐 가며 여유를 부리는 사람은 대부분 느긋한 성격의 소유자다. 선두에서는 빨리 안 온다고 재촉하거나 말거나 구경할 것 다 하며 여유를 부리니 핀잔을 듣지만, 본인은 태평이다.

최소 집단인 집안에서도 은연중에 편이 갈린다. 딸은 엄마 편, 아들은 아빠 편, 시아버지는 며느리 편, 시어머니는 아들 편, 이런 식이다. 어려서부터 편짜고 노는 것을 배운다. 학교생활도 마음에 맞는 친구끼리만 어울리고, 그 집단에 들지 못하면 왕따를 당하고 만다.

역성을 든다든지 팔이 안으로 굽는다는 표현도 편든다는 의미다. 어려움에 부닥쳤을 때 누가 내 편을 들어 감싸 주고 위로해 주면 마음이 찡해지며 감동이 밀려온다. 반대로 벼랑 끝에 서서 도움이 필요한데 냉정히 거절당하면 그처럼 서러울 수가 없다.

본의 아니게 같은 편이 되는 경우도 있다. 원수지간이지만 어쩔 수 없이 같은 배를 탔다는 오월동주(吳越同舟), 평상시에는 서로 신경 안 쓰다 처지가 비슷해지며 느끼는 동병상련(同病相憐)의 심정이 그것이다. 같은 편이 되니 공통점이 생기고, 말이 통하며 위로가 되고 서로의 처지를 이해하게 된다. 취미 생활도 같은 대상을 놓고 좋아하는 사람끼리 편짜고 어울리는 것이다.

사회생활에서도 편짜기는 마찬가지다. 지연 · 학연 · 혈연 등 조그만 인연이라도 있으면 편을 만든다. 전혀 모르는 사람도 나에게 도움이 될 성 싶으면 어떻게 해서든 연결고리를 찾아 내 편을 만든다. 아마 세계 어느 나라, 사람 사는 곳이라면 공통 현상일 것이다. 운동도 알고 보면 편짜고 경기하는 것이다. 같은 편끼리 일사불란하게 단합하여 상대방을 공격하는 놀이다.

정치뿐 아니라 국제외교라는 것도 알고 보면 이해가 맞아떨어지는 국가끼리 편짜고 이득을 챙기는 것이다. 도와주는 척하지만 결국은 자국의 실리를 철저히 챙긴다. 정당이라는 것도 같은 편끼리 정치 패(무리)를 만드는 것이다. 편짜기란 내 이익을 취하기 위한 이기적인 집단행동이다.

'자존심'도 일종의 내가 나를 편드는 '자아(自我) 버티기'다. 자존심은 실체가 없고 자신이 만들어 놓은 울타리이며 덫에 불과하다.

인간이란 수십 겹의 보호막 속에 안주하며 살고 있지만, 껍질을 하나하나 벗기고 나면 한없이 초라하고 나약한 존재다. 자신을 뒤돌아본다는 것은 나의 위선을 한 꺼풀 한 꺼풀 벗겨 보는 것이다. 그러기에 인간은 서로 편을 나누고 위로하며 사는 사회적 동물인가 보다.

가족이 가장 끈끈하고 강인한 편짜기의 대표적인 집단이다. 특히 모성애는 탯줄로 이어져 절대 끊어지지 않는 편을 이룬다. 무리 지어 사는 동물에게도 편짜기는 생존 그 자체다. 사자나 바다코끼리는 대장이 바뀌면 전 대장의 새끼를 모두 물어 죽인다. 조금이라도 반골 요소를 허용치 않고, 내 새끼만으로 무리를 구성하려는 '편짜기' 본능이다.

식물들도 편을 나누며 살기는 마찬가지다. 같은 종끼리 모여 식물군을 형성하며 자란다. 고도에 따른 생존 범위도 정해져 있다. 키 큰 나무들 사이에는 키 작은 식물이 끼어들지 못하고, 1,500m 넘는 고산 능선에는 반대로 키 작은 나무들만 생존할 수 있다. 환경에 따라 자기 영역이 있고 동종끼리 편짜고 사는 것이다.

위대한 예술가 중에는 자기편이 없는 고독한 환경 속에서 불멸의 작품을 창조하는 경우가 많다. 군중 속 어느 한 편에 속해 있을 때는 안정과 편안함으로 새로운 것을 찾을 필요가 없지만, 고독이란 틀 속에서는 외로움에서 나를 탈출시키려는 고뇌에 찬 창조 작업이 따를 수밖에 없다.

인간이 고독한 이유는 스스로 자기 편을 떠날 수 있는 이성을 갖고 있기 때문이다.

얼굴 없는 범인의 번호판

어린아이들이 술래잡기를 한답시고 눈만 가리고 엉덩이는 훤히 드러내 놓고 있는 모습은 아주 귀엽다. 제 눈에만 안 보이면 꼭꼭 숨은 줄 알고 머리만 파묻고 있는 모습이 정말 천진난만하다.

앞서 내달리는 괴물 트럭의 번호판이 흙먼지를 뒤집어써 글자를 알아볼 수 없다. 의도적으로 번호판을 가리고 다니는 저의가 역력해 보인다. 과속에 난폭운전을 해도 단속을 피할 수 있다는 얄팍한 속셈이겠지만, 지저분한 엉덩이를 드러내 놓고 얼굴만 가리고 있는 꼴이다. 무기명을 허용하는 인터넷 댓글을 보면 비방하는 말, 기본 예의를 저버린 독설이 난무하고 있다. 범죄 수사라는 것도 결국은 얼굴 없는 범인의 번호판을 찾는 일이다.

가끔 모자를 푹 눌러 쓰고 산행을 하고 싶을 때가 있다. 만나는 사람이 그리 반갑지 않아 얼굴(번호판)을 드러내고 싶지 않은 경우다. 혼자만의 조용한 산행을 즐기고 싶은데 혹시 아는 사람이라도 만나면 형식적으로나마 얘기를 나누어야 하고, 본의 아니게 보조를 맞추어야 하고, 동행에 따른 이런저런 제약이 별로 마음 내키지 않는다.

자연을 훼손해 회복할 수 없는 사례를 많이 본다. 자연을 해치는 무모한 개발을 결정한 사람은 정책기안자, 시공자, 주민대표의 이름과 함께 자연을 손상할 수밖에 없었다는 사유를 적어 개발지 입구에 붙이고 본보기로 삼도록 해야 한다.

사람도 자동차 정기검사처럼 정비기준을 세워 주기적으로 정기검사를 받도록 하면 어떨까. 가끔은 깊은 계곡에 들어가 나의 때 묻은 번호판을 청정 약수로 씻고 싶다.

Z 내 멋대로 여행 스케치

자연을 묘사해 보고 싶다는 나의 어설픈 시도를 자연은 이해해 줄 것으로 믿는다. 솔직히 구체적 표현이 어렵다 보니 글과 그림으로 에둘러 나타내려는 속셈인지 모르겠다.

자연 풍광에 취해 발걸음이 머문 곳에서 느낀 환희와 행복을 이야기 속에 버무려 펼쳐 보려 한다. 나의 '산사랑' 마음을 붓끝에 묻혀 자연을 통해 느낀 감상을 그려 본다.

백두대간 실타래

백두대간 만보산행(漫步山行)을 마치고

건각(健脚)의 발끝을 모아 붓 한 자루를 만들었다.
백설(白雪)이 덮인 백두대간에 한 폭의 화선지를
상단(上端)은 진부령에 걸치고
하단(下端)은 지리산 천왕봉에 늘어뜨렸다.
흰 화선지는 일필휘지(一筆揮之)의 명필을 기다리는 듯
넉넉한 공간을 굽이굽이 펼쳐 놓고 있다.
산신령님은 백두대간에 남긴 족적(足跡)이 건방지다고
또 다른 백설(白雪)의 화선지로 조용히 덮어 버린다.
다음에 올 나그네를 맞이하기 위함이리라.
결국 새 화선지 아래에 감추어진 획 하나 하나를
머릿속 잔영(殘影)으로 남기고
겸허하게 붓을 거둘 수밖에 없다.

"7년 동안이나 백두대간을 걸어? 그 사람들 야유회 삼아 다녔나?" 맞는 말이다. 다른 산악회는 2년 반이면 끝낸다는 백두대간 산행을 우리(한국원자력연구소 산악회)는 7년 동안 여유 있게 즐긴 것이다. 산이 전 국토의 70%라는 우리나라 땅에서 1,000km의 대

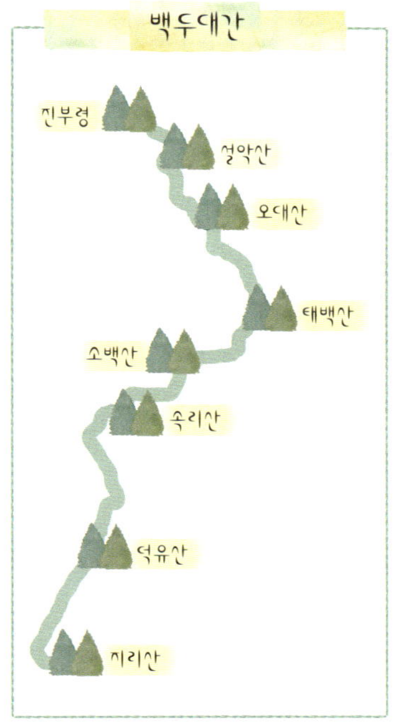

간 줄기를 걸어 보지 않고 어찌 산꾼 이라 할 수 있겠는가. 어느 정도는 의무감을 느끼고 시작한 백두대간 산행(1997년 12월부터 2004년 9월까지)이 드디어 마침표를 찍었다.

우리가 다닌 횟수는 총 45회이며, 계절별로는 여름철이 가장 많고 참석 인원은 보통 5~6명, 많을 땐 버스 세 대로 가기도 했으니 제한이 없는 자유로운 산행이었다. 순서대로 한 것도 아니고 계절 따라 이리저리 백두대간 줄기를 들락거렸고, 1박을 하거나 무박으로 새벽녘에 돌아오기도 했으니 정해진 틀 없었다. 산에서 느낀 사계절의 변화가 산사나이의 감성에 젖어들어 원숙한 자연인을 만들었다.

'백두대간 실타래'를 풀어 보면 한 구간 한 구간이 모두 추억거리로 가득하다. 아름다운 경치에 취하기드 하고, 악천후에 조난 위기도 있었고, 지방마다 독특한 음식, 트속 막걸리를 즐기던 풋풋한 추억들이 칭칭 감겨 있다.

백두대간 실타래

지리산에서 진부령까지

‘백운산-중재’ 구간에서는 눈과 싸우며 11시간을 걷다가 거의 탈진한 상태에서 밤늦게 하산했다. 폭설 때문에 교통이 끊겨 할 수 없이 예정에도 없던 외박을 할 수밖에 없었고 산 아래 산장에서 술과 함께 긴긴 겨울밤을 지새우며 에베레스트 원정 산행을 계획한 역사적이 날이 됐다.

‘신풍령-덕유산’ 구간. 온종일 빗속을 걷는 중에 동엽령에서 느닷없이 펼쳐진 석양 노을에 취해 자연의 경이로움과 아름다움에 한참 넋을 잃었다. 하산길인 병곡리 계곡에서 얼음물을 맨발로 건너던 일은 지금 생각해도 찬 기운이 머리끝까지 뻗친다.

무엇보다 잊지 못할 날은 우리나라 축구가 월드컵 4강에 오르던 날일 것이다. 그날 ‘추풍령-황악산’ 구간 종주를 마치고 직지사로 하산했는데 스님들도 모두 TV를 보는지, 경내는 말 그대로 절간 같았다. 갑자기 “골-인!” 하는 함성에 우리도 깜짝 놀랐지만, 아마 부처님도 두 눈을 번쩍 뜨셨을 것이다. 식당에서 덩실덩실 춤을 추며 월드컵 4강 진출 축하주를 기분 좋게 마셨다.

‘추풍령-백학산’ 구간에서의 반나체 산행도 고스란히 사진 기록으로 남아 있다. 7월 복중, 무더운 날씨에 모두 반나체로 거의 탈진 직전까지 산행하고 택시를 탔더니, 운전기사가 이상한 눈으로 보며 "뭐하는 짓이야? 한여름 34도 땡볕에 미친 사람들 아닌가?" 하던 말이 생각난다.

대야산 구간 '불란치재'에 붙어 있던 노란 리본은 정말 흥미롭다.
"총각 구함, 연락하세요! 011-9308-****, 잘해 줄게요. 단, 백두대간 완주자에 한함"
뭘 잘해 주겠다는 건지? 누가 그 번호로 연락한 사람이 있는지? 혹시나 우리 대원 중에 남몰래 연락한 사람은 없었을지 지금도 궁금하다.

'황장산-포함산' 구간에서 하산 중 행불자 2명이 발생한 사건도 정말 가슴 졸인 사건이었다. 칠흑과 같이 어두운 밤에 실종자를 찾아 밤새 소동을 벌이며 위스키 한 모금으로 추위를 녹이며 하염없이 기다렸다. 조난신고를 할 수밖에 없겠다 싶을 때서야 겨우 연락됐는데, 당사자들은 엉뚱한 곳으로 하산하면서도 태연히

천왕봉

노고단

만복대

추풍령

정상코스로 알고 있었다니 황당할 수밖에……. 밤 11시에 눈물겨운 상봉을 하고 다음 날 새벽에야 귀가했다.

'죽령-묘적령' 구간에선 무릎까지 푹푹 빠지는 눈 속을 러셀하며 진행하다 도저히 안 되겠다 싶어 탈출로를 찾았으나 실패하고 어두워서야 겨우 '묘적령'에서 빠져나와 조마조마했던 가슴을 쓸어내렸다. 하산 후 어느 노부부 집에서 라면을 얻어먹고, 청국장도 듬뿍 받아드니 우리의 후덕한 시골 인심을 실감했다.

도솔봉에서 사동리로 하산할 때 일행 중 한 명이 사라져 그 사람을 찾는다고 몇몇 회원이 산으로 올라가 2시간을 헤맨 끝에 겨우 상봉했다. 만약 밤 9시까지 내려오지 않으면 조난신고하기로 약속하고 올라갔던 터라 1시간 거리를 20분 내로 내려가야 하는 상황이었다. 휴대폰이 불통인 계곡이라 오직 한 가지, 뛰는 방법밖에 없었다. 난생처음 이렇게 달려본 적이 있었던가. 아테네 마라톤을 탄생시킨 전령처럼 사명감으로 내달려 겨우 조난신고

남덕유

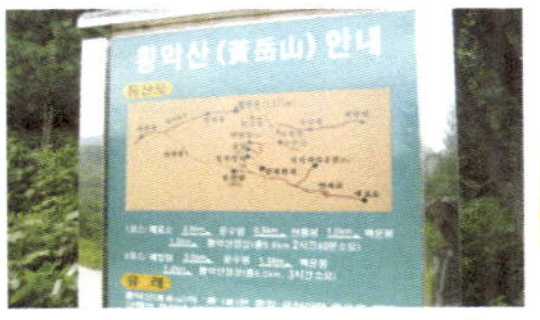

황악산

국수봉

백학산

를 막을 수 있었다.

'마구령-소백산' 구간. 국망봉에서 석양과 함께 떠오른 신비로운 쌍무지개는 잊지 못할 명장면이다. 암흑 속에 몇몇 힘들어하는 일행을 부축하며 미끄러운 계곡 길로 하산하던 일은 악몽 같았으나, 깊은 계곡에서 반딧불과의 동행은 동심으로 돌아간 시간 여행이었다.

'구룡령-오대산' 구간도 기억에 남는다. 한창 더웠어야 할 여름철 말복이었는데 종일 비가 오고 추웠다. 앉아서 쉴 수도 없어 점심으로 싸온 김밥을 서서 빗물에 말아먹고 산행을 이어 갔다. 하산 후 어느 허름한 음식점에서 난로를 피워 달라 하고 막걸리로 몸을 덥혔다. 복날 무슨 얘기냐고 할지 모르지만, 그해 복날 비가 오는 오대산은 무척 추웠다. 젖은 옷 말리느라 식당 여주인 남편의 바지를 빌려 입었는데, 마침 남편이 출타 중이었기에 망정이지, 마주쳤으면 누군가 무사하지 못했을 것이다.

신의터재

화령재

대야산

황장산

'미시령-진부령'은 백두대간 최상단 마무리 구간이다. 지역 출신 회원의 역량(?) 덕분에 미시령 고갯마루를 무사히 통과하고 상봉에 이르니 비가 뿌린다. 등산화에 고인 물을 쏟아 내며 마산에 도착하니 쇠파이프 하나 걸려 있었다. 이걸 두드려 산신령님께 백두대간 마무리를 고하고 진부령 종착점 도착하니, 이제 더는 갈 길이 없다. '백두대간을 끝내 시원하겠다.'는 인사말이 별로 반갑지 않은 이유는 마음 한편에 허전함이 자리 잡고 있기 때문이다.

산행 때마다 대원들 배낭에서는 콩나물국, 얼음 수박, 꿀물 등 각 집안 '비장의 무기'들이 쏟아져 나와 일행의 입을 즐겁게 해 주었다.

우리 연구소에 파견 와 있던 외국인도 여러 번 동행했었는데, 중국에 오면 언제든지 안내등반을 약속했던 '춘강' 선생, 시리아의 '희얌' (이름의 뜻이 crazy love) 여인은 대관령에서 푸른 초원에 넋이 나가 "뷰티풀!"을 연발했고, 러시아 과학자도 가을 설악산 절경에 감동했다. 부분적으로나마 한국 산하의 명승을 외국인에게 소

악휘봉

국망봉

도리기재

태백산

개한 것도 하나의 보람이다. 전통예술가, 화가, 국악인과의 만남도 신선한 인연으로 남는다.

뭐니 뭐니 해도 산행의 백미는 하산주다. 어둑어둑한 석양을 바라보며, 산골 초가집 굴뚝에서 피어오르는 연기와 저녁 안개 냄새를 맡으며 마을 어귀에서 막걸리를 한 잔 걸치는 정취는 산꾼만이 누릴 수 있는 낭만이다. '카타르시스'란 용어를 굳이 인용할 필요도 없이 몸과 마음이 말끔히 정화된다. 지방마다, 음식점마다 맛과 향이 다르니 하산주 생각에 힘든 발걸음을 재촉하기도 했다. 좁쌀, 메밀, 인삼, 더덕, 오가피, 머루, 매실, 등등 우리나라의 온갖 민속주가 혀끝에 남긴 독특한 맛과 향은 잊을 수 없다.

고속도로에서 차 고장으로 꼼짝 못하기도 했고, 기름이 떨어져 플라스틱 통으로 사다 넣기도 하는 우여곡절을 여러 번 겪었으나, 전국을 무사히 누비고 다닐 수 있었던 행운에 감사한다. 뙤약볕 복중 산행을 밥 먹듯 하고, 무릎까지 푹푹 빠지는 겨울 산행도 두

댓재

삽당령

대관령

노인봉

려워하지 않던 기개가 백두대간 발자취에 담겨 있다.

그 흔한 더덕 한 뿌리 못 캐고, 아니 처음부터 캘 의향이 없었으니 안 캤다고 하는 것이 옳겠지만, 눈과 가슴으로 산을 만끽했던 대장정이었다.

봉

조침령

마등령

미시령

진부령

네팔 히말라야, 8,000m 고봉들을 거느린 세계의 지붕이며, 설인(雪人) '예티'의 고향이다. 이번 쿰부 히말라야 트레킹은 고도 5,000m가 넘는 고쿄피크, 촐라패스, 칼라파타르, 콩마라패스를 거치는 19일간의 일정이다.

히말라야 雪人 '예티'가
사가르마타(히말라야)의 사랑방을 내주었다.
온 세상이 하얀 눈처럼 순수한 마음으로 가득하다.

별빛 총총한 밤하늘 야크의 방울 소리에
언뜻 달빛 그림자 아래 어슬렁거리는 나를 발견한다.

히말라야로 들어가는 나그네 발길
머-언 여로가 있고, 머물 곳이 있어 내 한 몸 맡긴다.

모든 속세의 짐을 훌훌 벗어 버리고
아쉬운 언어들은 모두 삼키고
하얀 깃털 같은 아쉬움마저 놓아 버린다.

아득한 여정만 눈앞에 펼쳐져 있고
이 세상은 크기도 무게도 없는 듯
뭉게구름에 얹혀 정처 없이 떠드는 온갖 생각들
히말라야 파란 하늘 속에 모두 풀어 버리리라.

'칼라파타르' 정상에서

힘들다는 것을 뻔히 알면서도 히말라야를 또다시 찾은 이유가 뭘까? 힘들고, 춥고, 열악한 환경, 무엇 하나 편한 게 없기에 다신 안 오겠다고 다짐하곤 이곳에 또 왔다. 오직 내 한 몸 챙기기에 급급하고 원초적 생존을 유지해야만 하는 곳, 얼굴이 퉁퉁 붓고 머릿속이 멍해지는 고소증과의 불편한 동거를 어쩔 수 없이 받아들여야 하는 곳이다.

이번(2012년 4월)이 세 번째 트레킹인데, 아무래도 히말라야 여신의 묘한 매력에 이끌려 왔나 보다. 아니면 히말라야에서 부는 바람에 환각제가 들어 있어 비몽사몽 끌려온 건 아닌지……. 눈앞에 보이는 8천 미터의 설산과 더불어 있다는 것 말고 무엇이 나를 또 오게 했는지 모르겠다. 단순히 설산만을 보러온 것을 아닐 텐데……. 세상사 고민을 잊어 보려고? 잃어버린 나를 찾아보려고? 아니면 체력시험을 위해서? 그냥 뭔가에 이끌려 왔다고 말할 수밖에 없다. 히말라야를 오기 전엔 생각이 많았는데, 막상 산행을 시작하니 머릿속이 멍해지고 아무 생각이 안 난다.

트래킹을 시작하는 루클라 공항에 내리면 아무런 교통수단이 없다. 바퀴 달린 것이라곤 전혀 없으니 오직 두 다리로만 걸어야 한

히말라야 트레킹의 관문, '루클라' 공항

'남체바자르' 뒤로 '탐쉐르크'가 병풍을 두르고 있다

다. 조난을 당해도 포터의 등에 업혀 내려와야 하고 급할 땐 구급 헬기를 불러야 한다. 그곳에서의 통행에는 우선순위가 있다. 짐을 실어 나르는 야크, 당나귀, 좁교 같은 동물이 우선이고, 그다음으로 포터(머리끈으로 짐을 나른다), 맨 꼴찌가 등산객이다. 힘든 순서대로 서열이 정해져 있으니 누구도 반박하는 사람이 없다.

6,600m 탐세루크를 마주 보는 쿰부의 제일 높은 마을, '남체바자르, 3,440m', 가이드인 펨바의 집에서 이틀을 묵으며 4,200m '쿤데피크'를 오르내리는 고소 적응 훈련을 한다. '에베레스트 뷰 포인트'에서 에베레스트 산신령과의 첫 눈인사를 나누는 곳이기도 하다.

4천 미터가 넘는 고소에서 잠 못 이룰 때면 산소가 더 많을 것 같은 바깥 공기에 이끌린다. 눈이 펑펑 내려 흰 눈이 덮인 호숫가를 걸으며 별자리를 찾아본다. 금방 손에 닿을 듯 선명한 반달. 하얀 눈 위에 서서 쪽잠을 자던 야크가 인기척에 놀라 목에 걸린 방울로

잠 못 이루는 밤, 야크와 산보하며

'돌레'에서 '마체르모'를 향하다
잠시 '쿰부 히말라야' 설경에 넋을 잃는다

'마체르모'에서 '고쿄피크'를 향해 걸으며

화답한다. 야크의 하얀 콧김이 블랙홀 같은 검은 하늘로 사라진다.

롯지의 밤은 너무 춥다. 얼굴에 손도 대기 싫다. 머리는 물 한 방울 안 묻히고 2주 동안 털모자 속에 숨겨 놓았다. 히말라야의 건조한 공기가 땀을 말끔히 거둬가 씻을 생각을 잊게 한다.

고쿄피크를 올라 눈앞에 파노라마로 펼쳐진 에베레스트 산을 바라보며 감동에 젖는다. 눈 덮인 드드포카리 호수는 에메랄드 빛 속살이 수줍은 듯 흰 천으로 살짝 가리고 있다. 바위에 내려앉은 한 쌍의 새가 흰 비단 자락에 사랑의 편지를 쓰는지 재잘거린다. 하얀 고요의 호수는 그리움의 고향일까. 초오유의 흰 설벽이 병풍처럼 고쿄리 롯지 마을을 감싸고 있다.

'고쿄피크' 정상에서 '에베레스트'와 눈인사를 나눈다.

고줌파 빙하를 지나 촐라패스를 넘으며 실화를 바탕으로 쓴 소설 〈촐라체〉 속 두 산 사나이의 감동 이야기를 떠올리며, 크레바스를 끼고 설원을 가로질러 종라로 향한다.

'나이는 숫자에 불과해. 나는 할 수 있어!'

5천 미터가 훌쩍 넘는 고개를 넘으며 힘들 때마다 마음속으로 수없이 외친 주문이다.

'지금 숨을 쉬고 있음은 내일 또 걸을 수 있다는 가능성을 말해주고 있지 않은가?'

극한상황에 처하면 지난 인생을 되돌아보게 된다는 말은 새빨간 거짓말이다. 지금의 고통에 다른 생각은 전혀 떠오르지 않는다. 현재의 나를 극복하는 것이 우선이기 때문이다.

에베레스트로 가는 길목인 로부제 롯지에서 추운 몸뚱이를 덥혀 주던 군불이 화재를 일으켜 위급상황을 맞기도 했고, 5천 미터 산중에서 발생한 지진과 '우르릉 쾅!' 하던 눈사태 소리도 멀리서 들리니, 다 자연 현상이고 그 속에 내가 속해 있음을 실감한다.

칼라파타르로 향하는 길은 EBC(에베레스트 베이스캠프)로 향하는 에베레스트 원정팀과 포터, 야크와 뒤섞여 어수선하다. 5,200m 고지에 있는 마지막 롯지 '고락쉡'. 그동안의 트레킹에 찌든 내 몸처럼 꾀죄죄해 보이는 롯지는 등산객으로 북적인다. 이곳에서 큰맘 먹고 사과를 사 한입 베어 무니 초원의 상큼한 향이 온몸으로 퍼진다. 산소가 절반밖에 안 되는 고지에서 먹은 파란 사과의 맛은 평생 잊지 못할 것이다.

눈촐라 패스를 지나 종라로 향하는 길.
흰 구름이 우리를 안내하고 있다.

롯지 난롯가 옆자리에 앉은 일본 산악인과 나눈 허니문 사연은 애잔한 감동을 남겼다. 이곳으로 신혼여행을 왔고 동반 산행도 자주 했는데, 몇 년 전 상처해 이젠 혼자서 부인을 생각하며 매년 히말라야를 찾는다고 한다. 그 일본 산악인의 나이는 70세였다. 내가 70세가 됐을 때 이곳에서 그 사람을 다시 만나고 싶다.

뜬눈으로 밤을 새다시피 하고 새벽 5시에 칼라파타르로 출발, 이번 쿰부 히말라야 트레킹 여정 중 최고봉을 오른다는 기대에 어느 때보다 흥분된다.

검은 언덕 '칼라파타르(5,550m)' 뒤로 '푸모리(7,145m)'가 우뚝 존재감을 드러내니, 오히려 세계 최고봉인 에베레스트가 뒷동산처럼 보인다. 칼라파타르 정상에 서니 이번 트레킹의 목표를 달성했다는 벅찬 감동과 함께 그동안 힘들었던 산행이 보람으로 다가온다. 에베레스트 정상에서 일고 있는 눈보라 속에서 정상 정복을 위해 사투를 벌이고 있을 산악인의 모습이 그려진다. 산 아래 EBC에 오밀조밀 모여 있는 알록달록한 텐트는 에베레스트 치맛자락에 나부끼는 꽃 장식 같았다.

롯지에서의 밤, 침낭에 들어갔지만, 가슴이 답답해 도통 잠을 못 이룬다. 고통스러운 밤이 지나고 어서 빨리 새벽이 왔으면 싶다. 답답함에 침낭에서 나와 식당에서 야크가 선사한(배설물 말린 것) 난롯불을 쬔다. 어두컴컴한 롯지, 먼지와 연기로 매캐한 식당

칼라파타르 정상에서 쿰부빙하 건너 아마다블람을 바라본다

은 오후 5시가 돼야 난로를 지피고 밤 9시쯤엔 끈다. 베트남 전쟁을 배경으로 한 영화 〈디어헌터〉에서 주인공이 러시안룰렛 게임을 하던 담배 연기 가득한 술집 장면이 연상된다.

여러 나라에서 온 등산객들이 난롯가에 모여 앉아 신발과 양말을 말리고, 잡담과 졸음으로 시간을 보낸다. 모두가 바라는 것은 동트기를 기다리는 것이니, 시간을 죽인다는 표현이 맞다. 어린 포터들도 추위를 녹이려 난로 가에 모였다가 롯지 주인장의 호통과 함께 밖으로 쫓겨나간다. 술 먹는 사람이 없는 이유는 술값이 비싸서가 아니라 술과 함께 찾아오는 고소증이 두렵기 때문이다.

새벽 3시, 깊은숨을 몰아쉬며 잠을 청해 보나 옆방에서 들리는 콜록콜록 기침 소리에 말똥말똥해지니, 밖으로 나가 하늘을 뽀얗게 덮고 있는 은하수와 이야기를 나눈다. 야크와 함께 어슬렁거리다 추위를 못 견뎌 다시 냉기 가득한 침낭 속으로 기어들어 헤드랜턴을 켜고 펜을 잡아 보지만 추위에 곱은 손은 글쓰기를 거부한다. 웅크리고 앉아 답답한 가슴과 두통을 달래는 한밤중, 차고 건조한 공기가 코와 목을 바짝 조인다. 밤잠을 설쳤어도 신기하게도

롯지의 풍경

다음 날 아침이면 몸이 가벼워지는 이유는 곧 펼쳐질 대자연의 풍광을 마주할 수 있다는 기대 때문이다.

트래킹의 일상은 새벽 4시에 기상해, 5시에 아침 식사를 마치고, 6시에 출발한다. 일행이 여럿이니 의견도 각양각색, 성격도 제각각이니 모른 척, 아무 소리 안 하고 신경 쓰지 않는 것이 마음 편하다.

하늘이 도운 듯, 산행 내내 오전엔 날씨가 좋았다. '모두 복 받은 거야! 아니면 덕을 많이 쌓았든지!' 눈을 하얗게 뒤집어쓴 날은 히말라야 유니폼을 맞춰 입은 듯 설산과 같은 색이 된다.

로부제 롯지에서 하룻밤 더 지내며 칼라파타르의 검은 먼지를 털어내고, 쿰부 빙하 모레인 지역을 지나 콩마라(5,535m)를 향

콩마라에서 바라보는 로체 · 눕체 능선

해 오른다. 마지막 남은 힘을 쏟아 콩마라 패스에 도착해 비스듬히 누운 로체 능선과 눕체 능선을 마주하자, 쾌청한 하늘과 흰 구름이 반긴다. 설산과의 만남은 언제나 마음을 설레게 하고 10시간 넘는 하산 길도 홀가분하다.

트레킹을 마치고 '루클라' 숙소에 도착해 태양열로 덥힌 물로 샤워하니 이 세상 그 어느 호텔도 부럽지 않았다. 다음 날 아침, 늦잠 좀 즐기려는데 카투만두 행 비행기 시간이 앞당겨졌다고 빨리 공항으로 가란다. 여기서는 비행기를 놓치면 언제 탈지 모르니, 자리가 있다고 할 때 무조건 맞추어 타야 한다. 세수도 못하고 허둥지둥 짐 싸들고 뛰어가 겨우 비행기를 탔다. 엉겁결에 카투만두에 도착했으나, 루클라 롯지에서 아침으로 예약해 두었던 셰르파 수프를 먹지 못하고 떠난 것이 못내 아쉽다.

극한 상황에서 무거운 몸을 끌고 당당하게 걸은 나 자신이 대견스럽다. 기적은 내 몸 안에 있었고 이를 솟구치게 한 것은 히말라야 여신의 격려였고, 대자연의 포용이 있었던 덕에 무사히 트레킹을 마칠 수 있었다. 몸무게를 재보고 나서야 히말라야 '예티'가 내 몸속의 기름 덩어리를 한 줌 듬뿍(7kg) 떼어 간 것을 알았다.

이번 산행으로 쿰부 히말라야의 5천 미터급 3대 'La'(La는 고개라는 뜻), 즉 렌쪼라(5,340m), 촐라(5,330m), 콩마라(5,535m)와 함께 고쿄피크(5,360m), 칼라파타르(5,550m)를 모두 올랐으니 만족감이 가득하다.

지금도 그곳이 그리운 이유는 히말라야 여신의 유혹이 느껴지기 때문일까?

밀포드 트레킹

세상에서 가장 아름다운 트래킹 코스,
뉴질랜드 남섬의 '밀포드 트랙'이다.

크라이트처치-프란츠죠셉 빙하-퀸즈타운-밀포드-마운트쿡-테카포를 거치며 순수한 자연을 볼 수 있는 트레킹과 자유여행.

게스트하우스나 백팩커(YHA, BBH) 공동숙소를 이용하고 기차와 버스로 다닌다.

밀포드 트레킹은 4일~5일간, 55km를 걷는 산행이며, 침낭과 먹을거리, 취사도구를 모두 짊어지고 걷는다. 다른 산행과 달리 이곳 트레킹은 한 방향으로만 진행하니 마주 오는 사람과 마주칠 일이 없다. 트레킹 일행(약 40명)은 가이드 없이 3박4일 동안 같이 걷고, 같은 헛(Hut)에서 자며 종착점까지 동행한다.

'테아나우 호'에서 배를 타고 밀포드 트렉 시작점인 '글래이드워프' 선착장으로 들어간다.
나오는 곳은 '샌드플라이포인트' 한 곳뿐인 일방통행 산행이다.

'클린턴' 강을 따라 송어가 뛰어노는 계곡을 끼고 걸으며 자연 그대로의 아름다움을 즐긴다.

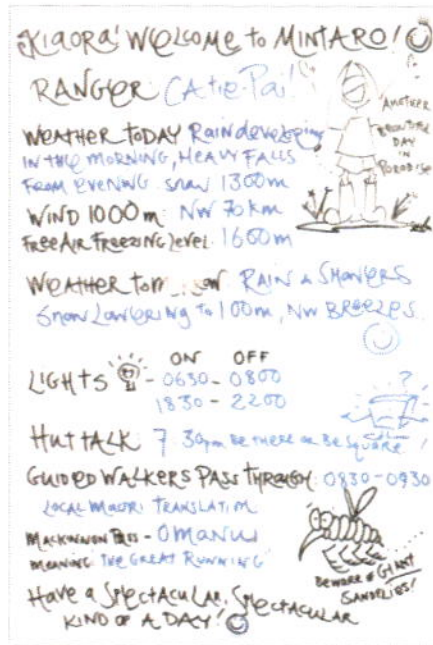

대피소인 헛(Hut)에서는 저녁에 레인저가 등산객을 모두 모아놓고 주의사항과 다음날 날씨를 자세히 알려준다.
'Mintaro' 헛의 여자 레인저가 칠판에 재미있게 써놓고 설명하던 모습이 눈에 선하다. 즉석에서 노래와 춤 잔치가 벌어지기도 한다. 이곳 토착새인 Kea가 밤에 등산화를 슬쩍 물어가니 벽에 단단히 매달아놓으라는 주의도 잊지 않는다.

이끼를 밟는 등산화가 조심스러울 정도로 원시림 그대로 보존되어 있는 숲길. 기생식물인 '스패니쉬모스'가 나뭇가지를 뒤덮고 있어 괴기한 분위기를 자아낸다.
반지의 제왕 촬영장소이기도 한 이곳의 이국적인 모습에 취해 발걸음이 더디다.

등산코스 중 제일 높은 '멕키논패스(1,154m)'
'마운트쿡 릴리' 하얀 들꽃이 이방인의 눈길을 사로잡는다.

'맥키논패스' 정상은 지난 밤 내린 눈으로 설산이 됐다.
눈이 녹아 생긴 산정호수에 암봉 'Mt. Hart(1,782m)'이 그림자를 드리우고 있다.
원시림을 지나며 눈사태를 바라보고 폭포가 정신을 쏙 빼놓는 계곡을 따라 하산한다.

나흘간의 트레킹을 마치고 '밀포드사운드'로 우리를 태우고 나갈 배를 기다리는 중.
이곳 '샌드플라이 포인트'는 '흡혈파리'로 악명 높은 곳, 물리면 가렵고 아프다.
'밀포드 트레킹' 마무리 신고식을 톡톡히 치른다.

마운트쿡 트레킹

마운트쿡(Aoraki Mount Cook), 뉴질랜드 최고봉, 높이 3,754m으로 남반구의 알프스라 불리기며 만년설과 빙하를 품고 있다. 세계 최초로 에베레스트 등정에 성공한 에드먼드 힐러리경이 이곳에서 등반 훈련을 했다고 한다.

일반인이 갈 수 있는 대표적인 트레킹 코스로는 '후커 밸리 트렉'과 '뮬러헛'이 있다.

밀키 블루색의 푸카키 호수에 내려앉은 마운트쿡의 아름다운 모습은 감탄을 넘어 경건함마저 느껴진다.

이곳 트렉에서는 설산, 빙하, 야생화를 마주할 수 있고 에메랄드 보석을 담아놓은 푸른 호수에 넋을 빼앗기기도 한다.

빙하가 녹아 만든 '푸카키' 호수의 에메랄드 물빛.
이방인의 마음도 호수에 풍덩 빠진다.

후커 밸리(Hooker Valley) 트랙. 평탄한 길을 따라 흔들다리도 건너고 관목 사이로 난 길을 따라 후커 호수까지 간다. 후커 호수는 우윳빛 빙하 덩어리가 둥둥 떠다니고 이 빙하가 녹은 물은 후커강으로 흘러든다.

'후커호'
마운트쿡 만년설 빙하가 녹아 고인 호수
발을 들여놓자마자 냉기가 머리끝까지 전해진다.

마운트쿡 빌리지에서 뮬러헛 트렉을 따라 오른 실리탄스 전망대.
마운트쿡 능선을 한눈에 담을 수 있는 환상적인 전경과 마주한다.

안나푸르나 베이스캠프(ABC) 트레킹
포카라–비레탄틴–촘롱–MBC(마차푸차레BC)–ABC를 왕복하는 산행이다.
물고기 꼬리를 닮은 '마차푸차레'가 아름답다.

계곡을 따라 ABC로 향한다.
곳곳에 눈사태 지역과 산사나이들의 넋을 기리는 위령비를 만나면 마음이 경건해진다.

4,130m ABC에서 안나푸르나(8,091m) 봉을 마주하며 감동에 젖는다.

호도협 트레킹

세계 3대 트레킹 코스에 든다는 호도협.
중국 운남성, 옥룡설산(5,596m)과 협하설산 사이에 있는 17㎞의 긴 협곡이다.
호랑이가 뛰어넘을 정도로 폭이 좁다는 호도협(虎渡峡)은 제일 좁은 곳이 30m다.
예전 차마고도 길이라 군데군데 나그네의 발걸음을 쉬게 하는 객잔(숙소)이 정취를 더한다.

중도객잔(주막, 숙박)에서 협곡 건너편으로 보이는 옥룡설산의 위용.
신비의 땅 '샹글리라'가 가까이에 있어 더욱 신비롭게 보인다.

호도협 금사강 하류 삼각주
금사강 푸른 물빛과 하얀 모래톱이 한 폭의 그림을 그려 놓았다.

옥룡설산 트레킹

옥룡설산(우룽쉐산, 5,596m)
중국 운남성에 속하며 히말라야 남쪽 끝을 잇고 있다.
옥룡설산은 길이 35㎞에 13개 봉우리로 이루어졌으며, '나시' 족의 성스러운 산으로 정상 등정이 허용되지 않는다.

옥주 경천(2,700m)에서 말을 2시간 반 타고 메밀지(3,300m)로 올라간다.

'메밀지'부터 5,100m, 서봉 대협곡까지 오르는 트레킹.
빙퇴석 지대를 힘겹게 걷는다.
하루에 고도를 2,400m 올려야 하니 4,000m 지점부터는 고소증과의 싸움이 이어진다.

옥룡설산 망설봉(望雪峰) 대협곡
(5,100m) 정상.
오른쪽 뒤로 옥룡설산 주봉인 부채봉
(5,596m)이 보인다

대협곡 건너편으로 암봉과 만년설이
광활하게 펼쳐 있다.
행글라이더를 타고 설원 위 를 마음껏
날고 싶다.

백두산 트레킹

백두산 서파 종주 산행
눈과 얼음, 초원과 야생화가 공존하는 6월.
천지와의 만남에서는 한민족의 통일 염원을 남겨 본다.

청석봉, 백운봉, 녹명봉, 용문봉,
그리고 천지를 감싸고 있는 민족의 영산 봉우리 하나하나를 발길에 담으며 걷는다.
드넓게 펼쳐진 잔설과 바위, 야생화가 보는 눈을 시원하게 한다.

장백폭포는 '천지폭포'라 부르고 싶다.
백두산의 정기를 주체할 수 없는 듯, 천지 물이 넘쳐흘러 폭포를 이룬다.

실크로드 여행

고대유적지 고창고성을 지나며

실크로드는 한나라 때 개척한 교역통로, 아라비아에서 신라까지 연결된다.
실크로드 여행은 '우루무치–투르판–하미–돈황–옥문–난주'를 잇는다.
몸에서 향기가 났다는 카슈카르의 향비, 카자흐의 미녀들이 떠오른다.

한번 들어가면 다시는 나올 수 없다는 타클라마칸 사막으로 이어지는 모래언덕,
영원히 갇혀 있고 싶을 정도로 아름답다.

사막의 모래 언덕은 살아있다.
낮에 쓸려 나간 모래는 밤새 원래 모습을 되찾는다.
모래바람엔 노래소리, 휘파람 소리, 울부짖는 소리가 섞여 있다.
마치 삶의 흐름과 같이

돈황의 명물 명사산, 오아시스 월하천.
월하천은 모래바람에도 묻히지 않고
물이 마르지 않는 초승달 모양이다.
달빛이 내려앉은 모습을 상상하면 신
선의 세계가 따로 없다.

서유기에 등장하는 화염산.
손오공과 삼장법사가 바로 옆에 있는
듯하다.
화염산의 표면온도는 섭씨 80도에 달
한다고 한다.

둔황 막고굴, 고비사막 한 가운데에
있는 오아시스 도시.
당나라 때 불교미술이 번창한 곳이다.
신라 혜초스님의 인도여행기인 〈왕오
천축국전〉이 발견된 곳이기도 하다.

코타키나발루 등산

코타키나발루 산.
4천 미터가 넘는 동남아에서 제일 높은 곳.
아침을 맞아 바라보는 키나발루 산 전경이 아름답다.
팀폰게이트(1,600m)에서 산행을 시작한다.

라반라따 산장(3,200m)을 새벽 2시에 떠나 정상 Low's Peak(4,095m)를 향해 오른다.
6시20분 일출의 모습이 경이롭다.

어젯밤 퍼부은 비로 생긴 호수가 정취를 더한다.
날개를 펼친 바위. 마치 하늘로 비상하려는 듯하다.
내 마음도 얹어 같이 날고 싶다.

해발 3,900m.
이곳을 지나며 고소증이 엄습한다.발
아래 깔린 구름. 신선이 된 듯

기묘한 바위
조각 전시장.
넋을 잃고 만다.

№ 356525

STATE OF SABAH, MALAYSIA

Kinabalu Park
A WORLD HERITAGE SITE

This is to certify that

Has Climbed to Low's Peak, the Summit of
Mount Kinabalu (4095.2 m)

Park Warden

4,000m에 있는 검문소에서 키나발루 정상을 올랐다는 증명서를 발급해 준다.

글을 마치며

삶의 실타래를 풀어 보려 여백을 채우려 했던 시도는 마음속에 잠겨 있는 생각들이 시원히 솟구치질 못해 만족스런 결과를 얻지 못했다. 마음의 갈증은 이야기를 시작할 때 그대로 남아 있고, 생각은 지금도 자연을 벗 삼아 세상 여러 곳을 다니고 싶어 하니 그 세계에서 제멋대로 놀도록 놔두는 것이 옳은 듯하다.

산다는 건 하루하루의 여백을 채워 가는 것이다. 그리고 삶의 주인공은 나 자신이며, 채워 가야 할 여백은 나의 놀이터다. 그 놀이터에 좋은 사람을 많이 초대해 서로 배우고, 즐거움을 나누며, 행복이 가득한 마당으로 만들고 싶다. 삶에 여백이 있음은 드나들 공간이 있다는 뜻이고, 이곳에는 대문을 달 필요가 없다.

삶은 누가 만들어 주는 것이 아닌 나 자신이 만들어 가는 것이며, 생각하기에 따라 평화로운 낙원이 될 수도 있고 지옥 같은 전쟁터가 될 수도 있다. 같은 상황도 어떻게 해석하는가에 따라 천양지차이므로 마음먹기가 관건이다. 주위 환경과 여건은 곁가지나 장식품에 지나지 않아 겉모습을 치장해 줄 뿐이다. 포장을 다 걷어 내고 마지막에 남는 여백이 내가 놀 마당이다. 열매는 화려한 나뭇잎이 다 떨어져야 결실을 보고, 열매 속을 보기 위해선 겉껍질을 벗겨 내야 한다. 삶의 여백을 채우려면 겉껍질을 벗기고 여백 속에 들어가 그곳에서 떠다니는 생각들과 어울려야 한다.

젊었을 적에는 모든 것이 신기하고 흥미로웠으나, 이제는 평범한 사물이나 단어를 접해도 겉모습보다는 숨은 뜻과 의미를 음미하게 된다. 내가 살아온 인생이 그 사물과 그 단어 속에 녹아 있기 때문이다. 객관적인 관망자가 아닌 실제 나의 세계이기에 더욱 마음에 와 닿는다. 항상 내 곁에 있는 사람과 자연이 고맙고, 찾아볼수록 더 많은 즐거움을 느낄 수 있다

내 주위에는 지금도 삶의 여백을 채워 줄 사물과 사람이 많기에 이들과 함께 행복한 사연을 오래도록 이어 가고 싶다.